Über dieses Buch

Mary Elwyn Patchett wurde in Australien geboren und wuchs dort auf der Rinderfarm ihrer Eltern auf. Sie hatte nur wenige gleichaltrige Freunde, dafür um so mehr Interesse für Tiere und Bücher. Nach nur kurzer Schulzeit wurde sie Journalistin und reiste durch Europa, Amerika und Westindien. Sie ließ sich in London nieder und schrieb ihre Kindheitserlebnisse auf. In über 50 Büchern bringt sie den Lesern Landschaft und Tierwelt Australiens nahe.

Unter dem Titel »Ajax mein Lebensretter« erschien »Meine Tiere und ich« 1953 zum erstenmal im Erika Klopp Verlag, im selben Jahr, in dem die Originalausgabe in London erschien. Mary Patchett erzählt von ihrer ungebundenen Kindheit mitten im australischen Busch, von den Tieren, die ihre Freunde sind: das dicke Pony Buck, die Stute Bella, die zahme Schlange Kaa, das Känguruh Mathilde – und natürlich ihre drei Hunde, allen voran ihr tapferer Dingo Ajax. Als Welpen hat sie ihn vor dem Hochwasser gerettet und liebevoll aufgezogen. Der riesige goldgelbe Hund wird ihr Beschützer, jederzeit bereit, sein Leben für sie hinzugeben. Der Folgeband »Tam mein Silberhengst«, in dem natürlich auch Ajax eine Rolle spielt, liegt ebenfalls in einer überarbeiteten Neuausgabe vor.

Mary Patchett · Meine Tiere und ich

Für Bob, Barbara und Wentworth

Mary Patchett

Meine Tiere und ich

Abenteuer im australischen Busch

Erika Klopp Verlag

Die Deutsche Bibliothek – CIP-Einheitsaufnahme
Patchett, Mary:
Meine Tiere und ich : Abenteuer im australischen Busch /
Mary Patchett. Aus dem Engl. von Walter Schürenberg –
Bearb. Neuausg. – München : Klopp, 1995
ISBN 3-7817-1570-1

Deutsche Ausgabe © 1953 Erika Klopp Verlag GmbH
Bearbeitete Neuausgabe © 1995 Erika Klopp Verlag GmbH, München
Alle Rechte vorbehalten
Titel der Originalausgabe »Ajax the Warrior«
Lutterworth Press, London 1953
Aus dem Englischen von Walter Schürenberg
Einbandillustration: Bettina Buresch
Satz: Filmsatz Schröter, München
Druck und Bindung: Wiener Verlag, Himberg
Printed in Austria
Auflagenkennzeichnung (letzte Ziffern maßgebend):
Auflage: 5   4   3   2   1
Jahr: 1999 98   97   96   95

Inhalt

Das Land der einsamen Abenteuer

Seit ich denken konnte, lebte ich in der wunderbaren Weite und Wildnis der australischen Buschlandschaft, und das blieb so, bis ich fünfzehn Jahre alt war und in ein Internat kam. Meine Erinnerungen reichen bis in mein zweites Lebensjahr zurück. Damals hatte ich mich schwer verbrannt. Seitdem bin ich nie länger als ein paar Monate von zu Hause fortgewesen, bis für mich die Zeit kam, eine richtige Schule zu besuchen.

Das Leben auf einer Rinderfarm ist sehr einsam, wenn man nicht das Glück hat, einer vielköpfigen Familie anzugehören. Ich hatte selten andere Kinder als Spielgefährten. Nur hin und wieder kamen Freunde meiner Eltern mit ihren Kindern auf ein paar Wochen zu Besuch. Zwar hatte ich einen älteren Bruder, Gerry, aber er kam auf ein Internat, als ich noch ganz klein war. Wir sahen ihn nur zweimal im Jahr, wenn er große Ferien hatte. So war ich sehr viel allein.

Dennoch fehlte es mir nicht an Spielgefährten. Ich hatte meine Hunde und eine ganze Schar australischer Tiere – von einem Kälbchen bis zu einer richtigen Schlange mit Namen Kaa. Tatsächlich hatte ich niemals Langeweile. Mein Leben war voller Abenteuer, denn die gehören nun mal zu den großen weiten Landgebieten Australiens mit seinen Flüssen, die in der einen

Woche nur schmutzige Rinnsale sind und in der nächsten reißende Ströme gelben Wassers von zehn Kilometer Breite.

Es war ein wildes Land, aber ich liebte es: seine Eukalyptusbäume mit den riesigen silbern und rosa gestreiften Stämmen, die seidig im Mondschein glänzen; die weiten braunen Koppeln, in denen die großen Rinderherden weiden und die winzigen Beutelratten sich runde Nester aus trockenen Grasbüscheln bauen. Wenn man sie aufstöbert, kommen sie wie graue Pelzkugeln herausgesprungen und laufen im Zickzack davon wie Hasen, die jagende Hunde abschütteln wollen. Ich liebte die von Bäumen gesäumten Flüsse mit den braunen Flecken ruhender Schnabeltiere im dunklen Wasser, das sanfte »ka ka ka« der Opossums und das melancholische Heulen der Dingos bei Vollmond. Die leere Weite Australiens erscheint wie ein Land des ursprünglichen Lebens mit seiner Einsamkeit, seinem Hunger und seinem Kampf ums Dasein.

Natürlich gab es auch für mich die Weihnachtsfeste und die Geburtstage wie bei anderen Kindern in aller Welt, nur daß mein Geburtstagskuchen kleiner war und meine Gäste lauter Tiere, denen ich Teller mit Knochen, Nüssen oder Früchten vorsetzte. Das ganze Jahr hindurch gab es ständig wiederkehrende Ereignisse, an denen ich manchmal teilnehmen durfte: Poloturniere und Jagdrennen, manchmal ein Zirkus, ein Wettbewerb für Reiter auf bockenden Pferden und die regelmäßigen Vieh- und Landwirtschaftsausstellungen.

Diese Ausstellungen waren für uns sehr wichtig, denn wir hatten auf unserer Farm Gunyan eine Zucht von reinrassigen Hereford-Rindern, und unsere Prachtexemplare wurden das ganze Jahr hindurch auf Ausstellungen gezeigt, besonders die neuen Tiere, die wir importiert hatten. Während des Ersten Weltkrieges sollten wir einmal einen wundervollen Herefordbullen aus England bekommen. Das Schiff wurde torpediert, doch der Bulle konnte gerettet werden. Er war aber auf diese Weise viele Monate unterwegs, und als er endlich ankam, hatte er uns mehr als dreitausend Pfund gekostet. Damit nicht genug: Nachdem er alle diese Abenteuer glücklich überstanden hatte, durchbrach er gleich in der ersten Nacht drei starke Gatter, geriet in ein Kleefeld und starb am nächsten Tag, weil er sich überfressen hatte.

Mein Vater ruhte nicht, bis er ein anderes mächtiges Tier mit gelocktem Fell herbeigeschafft hatte. Dessen Reise verlief ruhiger, und wir hegten und pflegten diesen Prachtbullen für die Ausstellung von Inverell. Ausstellungsbullen brauchen eine besondere Kost. Außer ihrem Grünfutter bekommen sie gekochten Kürbis, Leinölkuchen, ein Dutzend frische Eier täglich und große Mengen Rizinusöl, das ihr Fell glänzend und lockig machen soll.

Als ich drei Jahre alt war, durfte ich zum erstenmal auf der Ausstellung mit meinem Pony in Wettbewerb treten. Schon zwei Wochen zuvor waren die Bullen in einem riesigen Güterwagen verschickt worden, denn sie

13

durften nicht mehr gehen, um kein Gewicht zu verlieren. Mit ihnen reiste mein dickes braunes Pony Buck. Wochenlang hatte ich es gepflegt, es mit Unmengen Hafer gefüttert und ihm sogar manchmal etwas von dem Rizinusöl der Bullen gegeben, aber das mochte es gar nicht leiden.

Einige Tage vor Beginn der Ausstellung fuhren meine Eltern und ich nach Inverell. Zu meinem großen Kummer durfte ich die drei Hunde, die ich damals besaß, nicht mitnehmen. Der eine war ein bejahrter Foxterrier mit Namen Bumpy, der zweite ein hübscher schwarzer Schäferhund und der dritte ein lebhafter Vorstehhund, der Napoleon hieß. Zuerst war ich untröstlich, daß ich meine Lieblinge zurücklassen mußte. Doch dann dachte ich nur noch an die bevorstehende Reise und erwartete voll Ungeduld den zweiten Tag der Ausstellung, an dem das große Ereignis stattfinden sollte: der Ponywettbewerb für kleine Kinder.

Mein großer Freund Jack war die rechte Hand meines Vaters auf der Farm. Er wußte für alles Rat, und auch ich wandte mich in allen meinen Nöten an ihn. Er brachte mir meinen Buck, als ich schon ungeduldig am Eingang des Ringes stand. Natürlich ritt ich ohne Sattel; nur eine Decke war dem Pony mit einem Leibriemen umgeschnallt, damit ich mich nicht schmutzig machte. Buck war sehr gut aufgelegt. Kein Wunder bei den Mengen Hafer, die er bekommen hatte. Der Ring war von vielen Kindern umlagert, die sich ebenfalls bemühten, ihre Ponys bei guter Laune zu halten.

Mein Vater, dem nicht sehr wohl bei der Sache war, sagte, wie man mir später erzählt hat, zu Jack: »Ich bin etwas besorgt, ob meine kleine Tochter sich auch sportlich benehmen wird. Wenn Buck nicht das blaue Band bekommt, wird sie ein fürchterliches Gebrüll erheben, weil sie glaubt, man habe Buck in seiner Ehre gekränkt.«

Dann gab der Preisrichter seine Anordnungen, und wir alle trabten, galoppierten und stellten uns dann in einer Reihe auf. Schließlich blieben nur Buck und ein anderes prächtiges schwarzes Pony übrig. Der Preisrichter kam mit dem blauen Band herbei und legte es dem schwarzen Pony um den Hals. Buck bekam nur ein rotes Band als zweiten Preis. Ich weiß nicht mehr genau, wie ich mich benommen habe, aber man sagt, ich sei krebsrot im Gesicht geworden, hätte mich vorgebeugt und den Preisrichter angeschrien: »Gehen Sie weg! Buck ist der Beste. Buck hat den Preis verdient! Gehen Sie weg! Sie haben ihn beleidigt. Nehmen Sie das dreckige rote Band ab!«

Das war nicht sehr fair. Aber der Preisrichter hatte wohl selbst Kinder, denn er trat zu mir und suchte mich zu besänftigen. Er steckte das rote Band wieder in seine Tasche und nahm etwas anderes heraus, das er an Bucks Stirnriemen befestigte. Sogleich war ich beruhigt, und meine Stimmung hob sich, als er noch ein prächtiges Ding aus einer anderen Tasche hervorzauberte und es mir an die Brust steckte. Man sagt, ich sei dann stolz um den Ring geritten, während mir der wirkliche Gewinner des blauen Bandes folgte, dem Buck den ganzen Beifall gestohlen hatte. Dann galoppierte ich zum Ausgang und rief meine Eltern herbei, damit sie das wunderbare Ding betrachteten, das an Bucks Stirn befestigt war.

»Seht nur«, sagte ich stolz, »Buck hat einen Extrapreis bekommen, weil er am hübschesten aussieht. Und seht nur hier«, ich schielte auf meine magere Brust hinab, »das hab ich bekommen, weil ich so gut reiten kann.«

Buck trug an seiner edlen Stirn eine herzförmige Karte mit einem Bild der Riesendame vom Jahrmarkt auf der einen Seite und einer Prophezeiung für alle im Februar Geborenen auf der Rückseite. Und auf meiner Brust trug ich eine herrliche blaue Plakette mit der leuchtend goldenen Inschrift: »Preis für die beste Orpington-Henne«.

Meine Mutter sagte nur: »Offenbar ist der Preisrichter ein Mann, der seine Taschen selten ausleert.«

Ich aber war begeistert und sagte: »Für mich ist der Preisrichter der netteste Mann in der ganzen Welt!«

Algy

Durch alle Abenteuer meiner Kindheit – und dazu gehört, daß ich einmal einen Pferdedieb fangen half und einmal um ein Haar durch drei Wölfe, die aus einem Zirkus entlaufen waren, ums Leben kam – begleiteten mich drei treue und von mir glühend geliebte Kameraden. Der erste von ihnen war Algy. Ich glaube, ich war fünf Jahre alt, als ich ihn bekam. Algy war eine Bulldogge. Man hatte mir seit langem eine kleine Bulldogge versprochen, obwohl meine Eltern noch gar nicht wußten, wie sie mir diesen Wunsch erfüllen sollten, denn zu jener Zeit gab es in Australien nur sehr wenige Bulldoggen.

Algy war ein hinreißendes Hundebaby. Er war erst ein paar Wochen alt, als er ganz allein die lange Reise mit der Eisenbahn und auf der Landstraße von dem Städtchen Warwick in Queensland bis nach Gunyan bei dem Grenzstädtchen Texas machte. Unser Fluß, der Severn, bildet die Grenze zwischen Neu-Südwales und Queensland. Er ist zuweilen so schmal, daß man, wenn man will, mit jedem Bein in einem anderen Land stehen kann. Die nächste Bahnstation war sechzig Kilometer weit entfernt. Als nun einmal ein Lastauto für uns zum Bahnhof von Inglewood fuhr, um einige Kisten abzuholen, ließ mein Vater Algy per Bahn dorthin kommen.

Er sagte dem Fahrer, er möge im Lastwagen viel Raum für den Hund freihalten, weil doch Bulldoggen so riesige Burschen sind.

Vor Algys Ankunft konnte ich die ganze Nacht nicht schlafen; auch alle anderen waren sehr aufgeregt, denn die meisten Leute auf der Farm hatten noch nie eine Bulldogge gesehen. Endlich hörten wir von ferne das Lastauto; bald fuhr es am Haus vor. Der Fahrer grinste über das ganze Gesicht. »Gut, daß Sie den großen Wagen geschickt haben, Chef«, rief er meinem Vater schon von weitem zu. »Es ist ein wildes Biest, und was für ein Riesentier!«

Ich tanzte ungeduldig um den Wagen herum und konnte es kaum erwarten, daß er aufgemacht wurde, damit ich den ersten Blick auf meine Bulldogge werfen konnte.

Der Fahrer aber stieg von seinem Sitz herab, hielt irgend etwas in seiner großen Hand und sagte: »So, hier ist er!«

Und da war er, ein kleines unbeholfenes Hundebaby, ganz faltig und runzlig, mit einer winzigen weißen Schnauze, Hängebäckchen und einer schwarzen Knopfnase. Er wog ganze drei Pfund. Die eine Hälfte seines Kopfes war schwarzgrau, der Rest weiß. Sein Schwanz war immer in Bewegung. Ich konnte ihn in einer Hand halten. Als ich ihn zu Boden setzte, versuchte er, eine Ameise zu beschnüffeln, aber seine Schnauze war so platt, daß er dabei fast auf dem Kopf stehen mußte; seine wackligen Beine gaben nach, so daß er auf die Nase fiel. Er war das niedlichste Hundebaby der Welt.

Algy wuchs sich von einem struppigen Hundekind zu einer Dogge von fast sechzig Pfund aus, mit einer mächtigen breiten Brust, aber von sanften und liebenswürdigen Umgangsformen. Er war bald der Liebling der ganzen Familie. Dennoch schien es, als könnten wir mit all unserer Liebe sein Bulldoggenherz nicht ganz ausfüllen. Das merkte ich zum erstenmal, als er eines Tages aus dem Garten kam und zwischen seinen triefenden Lefzen vorsichtig ein seltsames Lebewesen hielt. Er trottete zu mir heran, sah mich ganz verzückt an und legte es vorsichtig in meinen Schoß. Es war eine winzig kleine Schildkröte. Gott weiß, wo er sie gefunden hatte, vielleicht am Flußufer, vielleicht auch auf dem feuchten Boden an der Tränke. Die Schildkröte war nicht viel größer als ein Pennystück und ganz schwarz. Sie streckte ihren Kopf hervor und begann aufgeregt auf meinem Schoß umherzurennen. Ich half ihr auf den Boden. Da lief sie ein kleines Stück. Algy versuchte ihr immer wieder mit seiner plumpen Nase den Weg abzuschneiden.

Als ich die Schildkröte hochnahm, saß Algy vor mir und tappte ungeduldig mit den Füßen, denn er wollte offenbar mit dem Tierchen spielen. Er blickte zu mir auf, und der Speichel lief ihm aus der Schnauze. Wenn man ihn nicht kannte, konnte man glauben, er warte nur darauf, das Tierchen aufzufressen. Schließlich sperrten wir es in eine Kiste mit einem Drahtnetz darüber, um die Katzen fernzuhalten. Dann gingen Algy und ich an den Fluß und holten Sand. Wir bauten für die kleine Schildkröte einen Steingarten mit einem Wassertümpel, kleinen Topfpflanzen und vielen Steinen, auf denen sie in der Sonne liegen konnte. Wir besorgten auch ein Stückchen rohes Fleisch, das wir ihr ins Wasser legten. Die Schildkröte fühlte sich in ihrem neuen Heim sehr wohl. Ich habe sie nie fressen sehen, aber ich nehme an, sie ernährte sich von den Insekten auf dem frischen Grünzeug, das wir ihr jeden Tag brachten.

Algy konnte stundenlang neben der Kiste sitzen und seinen Schatz betrachten, oder er bettelte mich an, das Tier herauszunehmen. Dann sprang er täppisch umher und blies es an, worüber das kleine Wesen anscheinend nicht im geringsten erschrak. Die Schildkröte wuchs nur sehr langsam, aber endlich war sie groß genug, daß ich sie am Brunnen grasen lassen konnte. Algy paßte auf, daß sie nicht verlorenging. Wenn sie mit Algy spielen wollte, streckte sie ihren Kopf gegen seine Knopfnase vor und zog sich wieder unter ihren Panzer zurück, wenn sie genug von ihm hatte.

Algy war etwas älter als Ben. Das war der zweite meiner drei geliebten Hundefreunde. Ben ähnelte, als er geboren war, mehr einer fetten schwarzen Maus als einem Hundekind. Algy lugte in den Korb auf das kleine Wesen und schnaubte so laut, daß Bens Mutter Pam knurrend aufsprang. Aber schließlich erreichte er es doch, daß er voller Bewunderung vor dem kleinen Hund sitzen durfte, und tat sein Bestes, ihn auf seine liebevolle, ungeschickte Art zu verhätscheln. Ben wurde allmählich ein verwöhntes kleines Biest. Sobald er auf seinen dicken krummen Beinen umherwackeln konnte, stieß er Algy, wobei sein plumper Bauch fast den Boden berührte, und mit seinen scharfen Milchzähnen kniff er ihn, wenn er nicht aufpaßte.

Als Ben herangewachsen war, schien Algys Bedarf an Pflegekindern noch immer nicht befriedigt; er nahm sich einer ganzen Reihe der seltsamsten Tierkinder an. Eines Morgens beim Frühstück kam er vom Garten herein und legte ein winziges, noch unbehaartes Mausekind neben meinen Teller. Die Maus war recht verdutzt und naß, aber ganz unverletzt. Dann wurde ein Opossum Algys Lieblingstier. Es wohnte in einem Baum vor dem Fenster meines Zimmers. Dort schlief es fast den ganzen Tag, bis es gegen Abend sehr lebendig wurde. Ich stellte Milch und Honig auf das Fensterbrett und verhielt mich ganz still, während es in den Zweigen auf und ab lief. Nach langer, langer Zeit wurde Possy so zahm, daß ich sie in die Hand nehmen konnte. Algy war darüber begeistert. Possy gewöhnte sich daran, von ihm angeblasen zu werden, sah das breite Grinsen auf Algys Gesicht und hatte von da an nichts mehr gegen ihn einzuwenden.

Eines Tages entdeckte ich, daß das Opossum ein Baby in seinem Bauchsack trug. Ich war begeistert. Während es an den Leckerbissen knabberte, die ich ihm hingestellt hatte, erlaubte es mir, meinen Finger ganz zart in seinen Beutel zu stecken und das Baby herauszuholen. Algy konnte nicht begreifen, daß er es nicht ablecken durfte.

Mutter Possy und ihr Baby vergnügten sich lange damit, im Kinderzimmer umherzulaufen und Algy possierliche Gesichter zu schneiden. Dann erschien auch Vater Opossum auf dem Baum. Aber er war wild und stolz. Ich habe es nie fertiggebracht, ihn zu zähmen. Eines Tages fiel er in die glitschige Badewanne und konnte nicht mehr hinaus. Da saß er nun und machte ärgerlich »kaaa ka ka ka«. Ich knüpfte ihm eine Strickleiter aus Handtüchern und befestigte sie am Fenster. Dann ging ich hinaus und schloß die Tür, damit Vater Opossum sich nicht in seiner Würde verletzt fühlte, wenn er an den Handtüchern hinauf in die Freiheit kletterte. Wahrscheinlich ging er zu Mutter Possy und erzählte ihr, was ich für ein gräßliches Kind sei, das sich überall einmischte, und daß er nur durch meine Schuld in die Badewanne gefallen sei.

Später nahm sich Algy eines kleinen Fuchses an. Der war nur zehn Zentimeter lang, wenn man seinen immer beweglichen Schweif nicht mitrechnete. Was ließ sich Algy nicht alles von diesem kleinen Teufel gefallen! Nie verlor er die Geduld und schien jedesmal enttäuscht, wenn ich das Fuchskind am Abend zu Bett bringen und einschließen mußte; denn Füchse haben viele Feinde und sind auch selbst mit aller Welt feind. Schließlich lief der halb ausgewachsene Fuchs davon, und Algy trauerte eine Weile. Dann schien er dieses wilde Fuchskind vergessen zu haben. Ich glaube aber, daß er hin und wieder in mondhellen Nächten ans Flußufer ging, um ein wenig mit seinem ehemaligen Pflegling zu spielen. Oft lag er nämlich nicht neben meinem Bett, wenn ich von dem hellen und scharfen Bellen eines Fuchses erwachte.

Eins seiner komischsten Lieblingskinder war eine kleine Ente. Algy folgte mir überall durch den Hühnerhof, und die Hennen hatten sich an ihn gewöhnt. Er besuchte sie, wenn sie auf ihren Eiern saßen, beschnüffelte sie und stieß sie ein wenig mit seiner platten Nase, so daß sich ihre Federn über ihrer Brut sträubten. Die Hennen waren sehr ungehalten über seine Einmischung in ihr Geschäft; offenbar waren sie der Ansicht, daß ihn das nichts angehe. Oft müssen sie sich wohl über sich selbst gewundert haben, denn gewöhnlich brüteten sie ganze Familien von kleinen Puten oder Enten statt Hühnerküken aus. Einmal legte sogar ein Pelikan, ein sehr seltener Besucher, zwei Eier in das Nest einer Henne. Sie wurden aber leider nicht ausgebrütet.

Eines Abends hatten wir unsere Runde gemacht, die Eier eingesammelt, und kehrten ins Haus zurück. Algy tappte zu mir hin – ich saß auf einem niedrigen Stuhl – und sah mich mit seinen feuchten Augen und mit dem komischsten Gesichtsausdruck an. Es triefte ein wenig von seinen großen lappigen Lefzen, und ich sagte: »Algy! Was hast du jetzt wieder in deiner Schnauze?«

Er japste vor Aufregung und hätte es fast verschluckt, aber dann neigte er plötzlich den Kopf, und etwas fiel auf den Boden. Es war ein Ei. Algys Blick war sehr schuldbewußt, denn ihm war streng verboten, ein Ei auch nur anzurühren. Bei dem kurzen Fall brach das Ei entzwei, und aus dem Innern der Schale kam mit feuchten Federn und einem kleinen gelben Schnabel ein winziges Entenküken hervor, das ärgerlich piepste. Es war wohl im Begriff gewesen, die Schale selbst aufzubrechen, denn es war schon recht kräftig. Algy näherte sich ihm mit seiner Nase und gab ein entzücktes Schnauben von sich, wodurch er das Entchen fast umblies. Es kam aber wieder auf seine platten Füße und stimmte ein großes Geschrei an wie ein kleiner Enterich. Von da an galt das Entchen allgemein als Algys Liebling, und keiner von uns dachte je daran, es zu verspeisen.

Im Gegensatz zu den meisten Kleintieren konnten meine Meerschweinchen nie ihre Furcht vor Algy überwinden. Er starrte sie an, und sie zitterten vor Angst, während er vor liebevoller Besorgnis bebte. Die Meerschweinchen wohnten in einem altmodischen Kükenkasten ohne Boden, der oben mit einem Drahtnetz überspannt war. Er konnte überall hingestellt werden, so daß die Tiere jeden Tag frisches Gras zum Fressen hatten. Eines Tages brachte Algy es fertig, die kleine Tür des Kastens zu öffnen und seinen mächtigen Leib hineinzuzwängen. Da kroch er nun herum und verteilte mit seiner breiten Schnauze dicke feuchte Küsse an die verängstigten Tiere, die sich in den Ecken zusammendrängten. Seine Nase war so breit, daß er ihnen nicht zu nahe kommen, sondern sie nur belecken konnte. Hinein war er gekommen, ihn aber wieder herauszukriegen war eine andere Sache. In meiner Aufregung hob ich den Kasten hoch, um Algy herauszulassen, und verlor dabei meine halbe Meerschweinchenfamilie. Wie die meisten Hunde konnte es auch Algy nicht vertragen, wenn man über ihn lachte. Ich vermied das denn auch nach Möglichkeit, aber eines Tages konnte ich mein Lachen doch nicht unterdrücken. An einem sonnigen Morgen fand ich ihn im Garten, wie er auf eine kleine Eidechse starrte, die auf der hölzernen Einfassung eines Blumenbeets auf und ab lief. Algy versuchte, das Tier zu haschen, und schnaufte verzweifelt, während die Eidechse sich gar nicht um ihn kümmerte, mit ihren blitzenden Augen umherlugte und hier und da eine Fliege erjagte. Als Algy es nicht länger aushalten konnte, legte er seine große Tatze auf den Schwanz der Eidechse. Zu seiner großen Überraschung rannte die Eidechse davon und ließ ihren Schwanz unter seiner Pfote zurück. Über diesen wunderbaren Vorgang konnte er sich nicht beruhigen. Er brachte mir das winzige Schwanzende und legte es in meinen Schoß, während er mich verwundert ansah.

Ein paar Tage später kam er wieder schnaufend und geifernd herbei, wie immer, wenn er mir etwas zeigen wollte. Ich folgte ihm also in das wüste Gestrüpp am äußersten Ende des Gartens, wo er an einer Flasche zu schnüffeln begann. Ich nahm sie auf und sah im Innern eine Eidechse. Sie war schon so groß, daß sie durch den Flaschenhals nicht mehr hinauskonnte. Offenbar war die Eidechse, als sie noch klein war, in die Flasche gekrochen und hatte sich darin von Fliegen und anderen Insekten, die sich in der Flasche fingen, ernährt, bis sie zu groß und zu dick geworden war, um wieder hinaus zu können. Ich habe schon viele Schiffe in Flaschen gesehen, aber nur eine einzige Eidechse. Wir behielten sie ein oder zwei Tage, dann zerbrach Jack den Flaschenhals und setzte sie in Freiheit. Sie rannte verstört davon. Algy blickte ihr verdutzt nach und sah dabei aus wie ein würdiger Professor, der sich vor ein unlösbares Problem gestellt sieht.

So war mein Leben ganz ausgefüllt. Ich hatte nicht nur für meine eigenen Lieblingstiere, sondern außerdem für Algys Schützlinge zu sorgen. Er war wohl zwei Jahre und Ben ungefähr ein Jahr alt, als wir jenes große Abenteuer hatten, das mir den herrlichsten, königlichsten und erhabensten Hund bescherte, den ich je kennengelernt habe: den Hund, der mir zweimal das Leben rettete. Er war nicht gekauft und war auch nicht auf unserer Farm zur Welt gekommen. Ich fand ihn zufällig, und vielleicht wuchs er mir dadurch viel mehr ans Herz als jeder andere Hund.

Ajax

Australien ist ein Land der heftigsten Gegensätze. Manchmal hat es unter entsetzlicher Dürre zu leiden und dann wieder unter Wasserfluten, die Tiere und Gatter, Menschen und sogar ganze Häuser mit sich reißen. Auf einer Karte von Australien findet man einen Fluß, der eine Strecke weit genau auf der Grenze zwischen Neu-Südwales und Queensland fließt und auf der Mitte dieser Grenzstrecke plötzlich eine Haarnadelkurve bildet. Der Fluß hat viele Namen. Manchmal heißt er Severn und manchmal Sovereign und manchmal wieder Dumeresque. Mein Elternhaus lag an dieser Flußschleife, und sein Name »Gunyan« kommt aus der Sprache der Aborigines, der australischen Ureinwohner, und bedeutet »fließendes Wasser«. Unser Haus stand in einer Flußbiege, so daß es den Fluß auf beiden Seiten hatte. Zu manchen Zeiten führte er gewaltige Wassermengen mit sich. Er trat über die Ufer, verließ sein gewundenes Bett und machte es wie jemand, der quer über die Straße geht, um den Weg abzukürzen. Auf unser Haus nahm er dabei natürlich keine Rücksicht. Es wurde regelmäßig unter Wasser gesetzt.

Ich erinnere mich nur noch an eine dieser Fluten. Sie war beängstigend und fürchterlich. Tiere ertranken, und es wurde ein Schaden angerichtet, der in die Tau-

27

sende ging. Doch ich konnte mir nicht helfen – ich fand es sehr interessant, denn gerade dieses Ereignis bescherte mir den schönsten Hund meines Lebens, meinen goldenen Riesen Ajax.

Es hatte wochenlang geregnet. Bei unserem Haus und weiter flußaufwärts, wo die Wassermengen der kleinen Bäche in das Flußbett strömten, schwoll unser Fluß zu einer gewaltigen, tosenden Wasserflut an, die über die Ufer trat und sich als reißender Strom von zehn Kilometer Breite durch das Land wälzte. Mein Vater hatte schon eine telefonische Warnung bekommen. Wir hatten also genügend Zeit, unsere Vorbereitungen zu treffen, unser Heim zu verlassen und uns auf einer Anhöhe in Sicherheit zu bringen.

Als mein Vater sagte, wir sollten uns zum Aufbruch bereit machen, waren die Hunde und auch ich sehr entzückt. Wir mußten Zelte mitnehmen und damit fünf Kilometer weit zu dem Hügel ziehen, wo wir vor der Wasserflut sicher wären, wie hoch der Fluß auch steigen würde. Zuerst aber mußte die bewegliche Habe in Sicherheit gebracht werden. Wir packten alle mit an, Möbel und Betten auf unserem großen Dachboden zu verstauen. Dann wurde das Auto auf eine Rampe vor einer hochgelegenen Veranda gefahren und dort fest angebunden. Es konnte uns bei unserem »Ausflug« nichts nützen, weil das Wasser in den sonst kleinen Tümpeln zwischen unserm Haus und dem Hügel schon zu hoch stand, als daß man im Auto hätte hindurchfahren können.

Unser Treck mußte in vier- und zweirädrigen Pferdewagen und Karren stattfinden. Natürlich kamen unsere Farmknechte und ihre Familien mit. Alles rannte umher, belud die Karren, packte Decken, Zelte und Nahrungsmittel darauf. Meine Mutter und Nessie (unsere Haushälterin, denn ich war inzwischen zu groß für ein Kindermädchen geworden) ergriffen Büchsen mit Nahrungsmitteln, strichen Brote und rafften Schuhe und Kleider zum Wechseln zusammen.

Endlich war alles bereit. Ich hatte den größten Teil meiner Spielsachen auf den Dachboden getragen. Dann legte ich meinem rotbraunen Pony Buck den Zügel um, an dem ich ihn halten wollte, denn ich mußte mit Jack in dem Traberwagen fahren. Jack war ein Buschmann und steckte voller Geschichten und Abenteuer. Ich konnte ihm stundenlang zuhören. Buck mußte am Zügel geführt werden, weil Algy und Ben ohne mich nicht im Wagen zu halten waren. Algy war von Natur wasserscheu und hätte über die Bäche und Tümpel getragen werden müssen, während Benny noch viel zu klein war, als daß er mir, wenn ich auf Buck geritten wäre, durch die überschwemmten Buschwege hätte folgen können.

Endlich waren wir soweit, und die merkwürdige Kavalkade setzte sich auf den Hügel zu in Bewegung, den wir weit hinten, jenseits des schlammigen, reißenden, gelben Stroms sehen konnten. Lebende und schon ertrunkene Tiere schwammen und trieben in der starken Strömung. Große Bäume hatten sich mit ihren Wurzeln aus dem aufgeweichten Erdreich gelöst, waren in den

Fluß gestürzt, drehten sich und wirbelten darin umher oder landeten in einem Gewirr von Telegrafenmasten und -drähten. Ein wüstes Durcheinander von Planken erblickte man, wo Häuser unter der Gewalt des Wassers zusammengebrochen oder weggeschwemmt worden waren. Das alles trieb wohl Hunderte von Kilometern stromabwärts, bis es schließlich bei sinkendem Wasser irgendwo stranden würde.

Wir erreichten die Hügelkuppe, und die Männer begannen, die Zelte aufzuschlagen. Meine Hunde und ich waren überall im Wege. So gingen wir den Hügel hinab bis an den Rand des Wassers. Es war ein erschrekkender Anblick – Wasser, so weit das Auge reichte. Einmal trieb eine ganze Holzhütte vorbei, wirbelte und drehte sich in dem reißenden Strom. Mit meinen Hunden stand ich lange am Ufer und beobachtete, wie das Wasser an der Meßlatte, die mein Vater in den Schlamm gesteckt hatte, emporstieg. Einmal sahen wir einen gewaltigen Eukalyptusbaum, dessen gewundene Wurzeln, noch mit den Erdklumpen daran, hoch aus dem Wasser ragten. Er trieb vorbei, drehte und wand sich und stieß auf andere Bäume und schwimmende Bauhölzer. Als die Strömung ihn zu uns herantrieb, sah ich einen langgestreckten Kopf zwischen den Wurzeln hervorlugen wie eine Galionsfigur am Bug eines Schiffes. In dicken Windungen lag etwas um die Wurzeln, so prächtig gemustert wie ein Perserteppich. Ich wußte, es war eine besonders große Schlange, eine Boa constrictor von der Art der Pythonschlangen, die manchmal fünf

Meter und länger werden. Sie ist an sich harmlos, frißt aber brütende Hennen und ihre Eier auf und würde, wenn die Wasser sich verliefen und der Baum irgendwo strandete, ein sehr unliebsamer Besucher auf einem Bauernhof am Flußufer sein, doch wahrscheinlich erst Hunderte von Kilometern stromabwärts.

Ich hätte mit meinen Hunden noch stundenlang am Wasser sitzen und all das Treibgut betrachten können. Aber plötzlich bemerkte ich, daß nicht nur im Wasser Bewegung herrschte. Der Boden rings um mich war von allen möglichen Tieren bedeckt, die aus ihren Schlupfwinkeln hervorkamen, um sich auf höheres Land außer Reichweite des Flusses zu retten. Da gab es Frösche und Spinnen, Tausendfüßler und Skorpione, Eidechsen und Schlangen. Alle waren auf der Wanderschaft hügelaufwärts zu unseren Zelten.

Algy und Ben waren noch mehr als ich gefesselt von dem Gekrabbel und Gekrieche um uns her. Sie bellten wild die Frösche an und versuchten zu ergründen, wohin sie im nächsten Augenblick springen würden. Das war nicht weiter schlimm, aber ich hatte Angst, daß sie mit ihren Pfoten auch auf eins der gefährlicheren Tiere tappen könnten. Deshalb ging ich mit ihnen wieder auf den Hügel hinauf. Oben war es nicht viel besser. In den Zelten lag es schon wie ein Teppich von lauter Spinnen und anderem Getier. Zum Glück schienen diese verstörten Geschöpfe jedoch mehr daran interessiert, sich irgendwo zu verkriechen als andere Tiere anzugreifen. Eigentlich war ich der Ansicht, ein großer

Hund wie Algy müsse mich vor den Kriechtieren schützen. Aber er fühlte sich gar nicht wohl in dieser Rolle. Er legte sich zu einem Schlummer nieder und schreckte auf, wenn ein Tier über ihn hinwegkroch. Mit gesträubtem Fell winselte er nach mir, bis ich herbeikam und ihn von dem Quälgeist befreite. Ben hingegen, der nicht viel größer war als eine ausgewachsene Eidechse, war sehr viel tapferer. Ich mußte immerzu aufpassen, daß er nicht nach Skorpionen und Spinnen schnappte oder nach den geisterhaft weißen Tausendfüßlern, die man nur zu Gesicht bekam, wenn eine Wasserflut sie aus den morschen Bäumen verjagte. Denn dort wohnen sie, ohne je das Licht der Sonne zu erblicken.

Der größte Teil des Viehs war schon mehrere Tage zuvor in die Berge getrieben worden. Viehherden sind bei Flut völlig hilflos. Pferde und sogar Schafe versuchen zu schwimmen, aber die Rinder stehen einfach da, bis das Wasser so hoch steigt, daß sie vom Erdboden emporgehoben und umhergewirbelt werden und schließlich ertrinken. Daher waren die Herden aus den Koppeln im Flußbereich auf höher gelegenes Land getrieben worden, und die kostbaren Herefordrinder waren mit den Viehhütern weit außer Reichweite des Flusses in Sicherheit.

Am Abend hielten wir eine Mahlzeit am Lagerfeuer. Gleich nach Anbruch der Dunkelheit wurde ich ins Bett geschickt. Algy und Ben lagen auf Pferdedecken am Fuße meines Feldbetts. Der ganze Boden war aufgeweicht und dampfte vor Feuchtigkeit. Ich fürchtete mich vor den wispernden und raschelnden Lebewesen, die im Dunkeln auf mir herumkrochen. Deshalb ließ ich Algy und Ben zu mir aufs Bett, was in normalen Zeiten streng verboten war.

Am nächsten Morgen war der Fluß ein paar Zentimeter gefallen. Ich ging mit den Hunden auf Entdeckungsreise. Das wimmelnde Getier fand ich in dem strahlenden Sonnenschein nicht mehr so beängstigend. Der Boden war ganz von Nässe durchtränkt, aber die Sonne schien mit freundlicher Wärme auf alles hernieder. Wir waren bald außer Sichtweite des Lagers und spazierten zwischen den mächtigen Baumstämmen umher, die während des Sommers gefällt worden waren. Ich ging vorsichtig um jeden Baumstamm herum; wenn man nämlich hinübersprang, konnte man nie wissen, was einen auf der anderen Seite erwartete. Als ich wieder an einem Baumstamm vorbeikam, hörte ich aus seinem Innern einen winselnden und knurrenden Laut. Ich horchte. Da war es wieder. Auch die Hunde horchten auf, und Benny begann wild an einem Ende des Baumstammes zu graben. Ich zog ihn weg, um ihn vor bösen Überraschungen zu bewahren. Dann machte ich ein Zeichen an den Baumstamm und lief mit den Hunden zum Lager zurück, um Jack zu suchen.

Jack brachte eine Axt mit und hieb vorsichtig auf den feuchten Baumstamm ein. Jetzt kam kein Laut mehr von drinnen. Jack dachte wohl schon, ich hätte mir das Geräusch nur eingebildet. Er hieb einen Holzkeil heraus, und darunter sahen wir ein helles goldenes Leuchten. Jack machte die Öffnung größer, steckte seine Hand hinein und zog ein gelbes Hundejunges hervor; doch es lebte nicht mehr.

»So, da haben wir dich«, sagte Jack. »Aber ich fürchte, wir kommen zu spät. Der kleine Bursche ist schon tot.«

»Oh, Jack, wie entsetzlich! Wie lange wird er schon tot sein?«

»Vielleicht einen Tag, vielleicht auch länger.«

»Meinst du, er ist nicht eben erst gestorben?«

»Nein, er ist ganz kalt, er muß schon eine ganze Zeitlang tot sein.«

»Dann kann es nicht der sein, den ich gehört habe!« rief ich aufgeregt. »Es muß noch ein anderer dort drin stecken.«

Also fuhr Jack fort, mit seiner Axt zu arbeiten. Alsbald zeigte sich wieder ein goldener Schimmer. Jack riß das weiche Holz mit den Händen auseinander. Mein Herz stockte. Keinerlei Bewegung; offenbar war dieser Kleine ebenfalls tot. Jack steckte seine Hand hinein, um ihn herauszuholen, zog sie aber mit einem kleinen Aufschrei zurück. »Au! Er beißt, der kleine Teufel!«

»Oh, er lebt! Hurra, er lebt!«

»Allerdings lebt er und hat ganz schön scharfe Milchzähne.«

Jack griff noch einmal vorsichtiger in den Holzstamm und holte ein zweites gelbes Hündchen hervor, das schon sehr schwach war, aber noch genügend Lebensgeister hatte, um seine winzige Oberlippe von den

Zähnen zurückzuziehen und den großen Mann, der es hielt, anzuknurren.

Jack gab es mir und sagte: »So, da hast du ihn. Ich glaub nicht, daß er am Leben bleibt. Es geht zu Ende mit ihm. Du darfst nicht allzu traurig sein. Nimm ihn mit ins Lager. Laß dir von deiner Mutter warme Milch und etwas Branntwein geben und packe ihn warm ein.«

Die Hunde sprangen wie wild umher und versuchten, einen Blick auf das Hündchen zu werfen; sie schnüffelten und bellten, bis ich sie zurechtwies und ihnen befahl, sich fernzuhalten. Einmal schnappte der kleine Bursche schwach nach meiner Hand. Seine Zähne bissen in die Haut, waren aber nicht stark genug, richtig zuzupacken. Danach schien er das Bewußtsein zu verlieren. Sein gelbes Köpfchen, klein und faltig, aber doch schon irgendwie charaktervoll, schmiegte sich in meinen Arm, während seine gelben Augen geschlossen blieben.

Ich ging so schnell ich konnte zurück, hüllte mein neues Hundekind in einen alten Wollappen, wärmte etwas Milch mit ein paar Tropfen Branntwein darin und flößte ihm das gewaltsam ein. Es schluckte ein wenig. Ich legte mich mit dem Kleinen aufs Bett, hielt ihn eng an mich, um ihn zu wärmen, und befahl den anderen beiden, sich am Fußende hinzulegen, was sie nur sehr ungern taten. Den ganzen Tag gab ich dem jungen Hund stündlich Milch und etwas Branntwein. Wenn er auch noch nicht zu Kräften kam, so wurde er doch wenigstens nicht schwächer. Auch in der Nacht gab ich ihm alle zwei Stunden zu trinken. Meine Mutter wollte mir helfen, doch ich wollte alles allein machen, und sie ließ mich gewähren.

Am nächsten Morgen war der Kleine etwas lebhafter. Ich aber war halbtot, denn ich hatte kaum geschlafen. Einmal versuchte er, sich aufzuraffen, knurrte und schnappte nach meiner Hand. Ich ließ ihn auf meinem Bett schlafen, während ich draußen frühstückte, rannte aber bald wieder ins Zelt, als ich Benny heftig bellen hörte. Ich sah, daß Ben sich meine Abwesenheit zunutze gemacht hatte, um das Hündchen zu beschnüffeln, aber er hatte eins auf seine schwarze Nase bekommen.

Am Nachmittag war ich sehr müde und legte mich, nachdem ich den Kleinen gefüttert hatte, neben ihn und fiel in Schlaf. Ich muß sehr tief geschlafen haben, denn als ich aufwachte, war der Kleine nicht mehr da, und die alte Wolljacke, in die ich ihn eingerollt hatte, lag neben dem Bett auf dem Boden. Ich sprang auf und rannte zum Zeltausgang, stieß den Vorhang beiseite und hatte einen unvergeßlichen Anblick.

Draußen auf dem feuchten Boden sah ich einen ganzen Kreis von Hunden versammelt, darunter Algy und Ben und die Schäferhunde der Farmknechte. Im Mittelpunkt des Kreises stand mein kleiner wilder Goldhund. Er wankte auf seinen Beinen, und aus seiner schmalen goldbehaarten Brust kam ein schwaches, aber drohendes Knurren. Später, als er groß geworden war, verwandelte sich dieses schwache Knurren in den gewaltigen

Donnerlaut des kampfgewohnten Tieres. Aber schon jetzt waren seine Zähne entblößt, und seine strahlenden gelben Augen sandten Blitze aus. Dieser winzige, halbverhungerte Hund hielt ein Dutzend ausgewachsener Hunde in Schach. Mein Herz flog ihm zu, als ich das sah. Seine Hinterbeinchen knickten ein. Er setzte sich nieder, doch immer noch hielt er den Kopf hoch erhoben und gab seiner Feindseligkeit gegen die Hundeschar Ausdruck.

Ich konnte ihn nicht länger so allein dasitzen sehen, trat hinzu und nahm ihn hoch. Seine scharfen Eckzähne bissen sich in meiner Hand fest, die zu bluten begann. Ich ließ meine Hand ruhig zwischen seinen Zähnen, worauf er mich unsicher ansah. Mit der anderen Hand strich ich ihm über den Kopf. Da öffnete er sein Gebiß. Ich fuhr fort, ihn zu streicheln, und er begann mit verwundertem Gesichtsausdruck das salzige Blut von meiner Hand zu lecken.

Dann hielt ich ihn an mein Gesicht und flüsterte ihm zu: »Du sollst mein Hund sein und sollst Ajax heißen wie der griechische Held.«

Er leckte mir die Wange, und damit endete unsere erste Kraftprobe. Ich hatte gewonnen. Er war mein Hund, mein Ajax – jetzt und für immer.

Ajax rettet mich

Als die Flut sich zu verlaufen begann, sank der Wasserstand des Flusses und der in ihn einmündenden Bäche rasch. Zwei Tage, nachdem ich meinen Ajax gefunden hatte, entschied mein Vater, daß wir heimwärts ziehen könnten. So luden wir denn alles wieder auf, und unser Treck setzte sich in Bewegung. Ich hielt Ajax auf meinen Knien. Die beiden anderen Hunde saßen eifersüchtig da, Algy zu meinen Füßen und Benny auf der Bank zwischen Jack und mir. Die Fahrt war alles andere als vergnüglich. Der Weg wies nur hin und wieder eine trockene Insel auf und bestand im übrigen aus Wasserlöchern und riesigen Pfützen, angeschwemmten Hölzern und ausgewaschenem Erdreich. Ich hatte alle Hände voll zu tun, meine drei Hunde beisammenzuhalten, während der Wagen dahinholperte und schwankte.

Als wir zu Hause ankamen, fanden wir unser Heim unbeschädigt, aber von Schlamm und Schwemmsand entsetzlich verschmutzt. Ein gräßlicher Geruch lag über allem. Der Fluß war so sehr gestiegen, daß das Wasser im Hause mehr als einen halben Meter hoch gestanden hatte. So watete man auf den Fußböden durch eine fußhohe stinkende Schlammschicht mit toten Kriechtieren darin – und sie waren nicht einmal alle tot. Wir arbeiteten mit vereinten Kräften, um den schlimmsten

Dreck aus dem Hause zu schippen, bis wir den Rest mit Wasserschläuchen abspritzen konnten. Endlich war es wieder leidlich bewohnbar, aber der feuchte tierische Geruch blieb noch tagelang. Unser Garten war völlig zerstört. Zwar war der Flußschlamm gut für ihn, wie ja auch der Nil in Ägypten mit seiner Überschwemmung alljährlich die Saaten befruchtet. Doch zuerst einmal mußte alles wieder neu angepflanzt werden.

Ajax wurde mit jedem Tage kräftiger. Bald konnte er allein seine Milch auflecken und kniff beim Trinken verzückt die Augen zu. Als er etwas größer geworden war und fest auf seinen Beinen stehen konnte, wollte Algy mit ihm spielen. Er kugelte den Kleinen herum und stieß ihn mit der Nase vor sich her, während der kleine Ajax wild schnappte und knurrte. Dann warf Algy einen Blick auf den lächerlichen Knirps, schien die Achseln zu zucken und gab seine Bemühungen auf. Wenn Ajax nach Benny schnappte, schnappte dieser zurück, und dann gab es ein solches Geknurre und wütendes Gebell, daß ich die beiden trennen mußte.

Ajax wuchs sich zu einem Riesenhund aus. Er spielte nie mit anderen Hunden, und es war fast ein Wunder, daß er vor Menschen einigen Respekt hatte. Die Bewegung, die sein gewaltiger Körper brauchte, verschaffte er sich auf langen nächtlichen Jagdausflügen, von denen er erst gegen Morgen zurückkehrte. Dann legte er sich neben mein Bett, bis ich aufwachte, und wandte keinen Blick seiner gelben Augen von mir. Ich mochte nirgends mehr ohne ihn hingehen, denn wenn ich ihn zurückließ, verfiel er in wilde Verzweiflung. Allmählich wurde er fast so groß wie ein Kalb; sein Fell nahm eine wunderbare leuchtendgoldene Färbung an. Wir vermuteten, daß seine Mutter ein Dingo gewesen war, einer von jenen klugen, wildlebenden australischen Hunden, und sein Vater höchstwahrscheinlich ein großer Känguruhhund. Diese Känguruhhunde sehen wie riesige Windhunde aus. Sie sind äußerst schnell, haben eine mächtige tiefliegende Brust und einen scharfgeschnittenen klugen Kopf.

Als Ajax drei Jahre alt war, mieteten meine Eltern für den Sommer ein Haus am Meer. Ich freute mich sehr; nur bekümmerte mich der Gedanke, daß ich die Hunde zurücklassen mußte, besonders Ajax, der sich ohne mich so unglücklich fühlte. Doch daran war nichts zu ändern.

Als wir in einer stillen Bucht, der Halbmondbucht, unterhalb von Sydney ankamen, war ich begeistert von unserem Sommerhaus. Es stand auf einer Anhöhe und hatte zu ebener Erde eine offene Veranda mit einer Tischtennisplatte und anderen schönen Sachen, wo ich nach Herzenslust spielen konnte. Rings um das Haus war ein großer Garten mit einem hohen Gitter, um wildernde Hunde abzuhalten. Vom Hause aus konnte man den ganzen Strand und die herrliche wildbewegte Wasserfläche des Pazifischen Ozeans überblicken, dessen Wogen smaragdfarben glänzten und Schaumkronen wie zerfetzte weiße Segel trugen.

Am Morgen nach unserer Ankunft – wir hatten auf

der Hinfahrt fast eine Woche in Sydney verbracht – tummelte ich mich in der Brandung, als eine große Schlagwelle mit starker Unterströmung mich packte, umwarf und in einem Wirbel von Sand und Schaum auf den Strand schwemmte. Als ich wieder zu Atem kam und die Augen aufmachte, wurde ich noch einmal niedergeworfen – diesmal von Algy und Ben. Sie scharrten vor Freude im Sand, kläfften und schmiegten sich an mich. Wenn Algy freudig erregt war, bildete er sich immer ein, er sei noch der kleine Hund von ehemals, wollte auf meinem Schoß sitzen und stieß liebevoll mit seiner Schnauze nach mir.

Als ich mich endlich erheben konnte, stand Jack vor mir und strahlte übers ganze Gesicht.

Ich rief: »Oh, Jack, schön, daß du da bist! Wo ist Ajax?«

»Er wartet oben im Garten. Ich wußte nicht, wie er sich unter den Menschen am Strand benehmen würde. Ich dachte nicht, daß es hier so still wäre.«

»Aber wie seid ihr hergekommen?«

»Das hast du nur Ajax zu verdanken. Ich hatte meine liebe Not mit ihm, nachdem ihr abgereist wart. Er hat überall nach dir gesucht und konnte sich gar nicht beruhigen. So habe ich deinem Vater geschrieben. Er ließ mich mit dem Lastwagen und den drei Burschen nachkommen. Wir haben in vier Tagen fast achthundert Kilometer zurückgelegt. Sieh mal, da!«

Er brach ab und zeigte nach oben, wo am Rande der Sanddüne gegen den Himmel ein riesiger goldbrauner

Hund stand. Einen Augenblick hielt er sich vollkommen still. Dann rief ich »Ajax!«, und er verließ seinen Platz. Er sprang nicht, er schwang sich geradezu in die Luft und kam herbeigesaust. Im nächsten Augenblick lag ich flach hingestreckt. Ajax stand über mir, seine Füße zu beiden Seiten meines Körpers und seine wildblickenden Augen in meine versenkt. Das wilde Leuchten in seinen Augen besänftigte sich, und ich kraulte ihn unter der Schnauze.

Er gab ein kleines Winseln von sich, was sich bei einem solchen Riesentier seltsam ausnahm. Ich glaube, es war das erste und letzte Mal, daß ich ihn so winseln hörte. Schließlich beugte er den Kopf herab und leckte mein Gesicht. Ich legte meine Arme um seinen Hals und zog mich an ihm empor. Dann gingen wir alle hinauf ins Haus.

Jeder meiner drei Hunde fand sich auf eine andere Weise mit der Meeresbrandung ab. Benny raste hinein, biß nach dem Schaum und zog sich spielerisch zurück, wenn eine größere Welle kam. Er ließ sich mit Vorliebe von den Wellen den Strand hinaufjagen. Algy knurrte leise und legte den Kopf auf die Seite, als wolle er sagen: »Ich lasse mich nicht zum Narren halten. Nichts bringt mich in dieses große Wasser hinein.« Endlich entschloß er sich, ein wenig an dem Schaum zu lecken, scharrte in dem feuchten Sand und kam schließlich zu dem Ergebnis, daß die Sache doch recht harmlos sei. Ihn interessierten besonders die kleinen Krebse. Er beschnüffelte sie und sprang entsetzt zurück, wenn sie ihn in die Nase kniffen. Seine triefenden Lefzen wiederum erschreckten die Krebse, was mich zum Lachen brachte.

Ajax aber sah weder nach rechts noch links. Er folgte mir in eine Brandungswelle, stemmte sich wie ich mit der Brust dagegen und folgte mir ruhig in das tiefere Wasser, wo er an meiner Seite schwamm, als hätte er es sein ganzes Leben nicht anders gekannt. Ich glaube, Ajax liebte das Meer. Außerdem wollte er überall neben mir sein. Er war ein sehr kräftiger Schwimmer, und wenn ich meine Hand auf seinen Nacken legte, zog er mich mit sich. Manchmal ließ er mich auch allein schwimmen, lag aber immer sprungbereit am Strand und paßte auf, bis ich wieder herauskam.

Eines Morgens war ich früh aufgewacht und beschloß, ein Bad zu nehmen. Ajax war noch auf einem seiner nächtlichen Ausflüge. Algy und Ben stritten sich hinter dem Hause um irgend etwas. So konnte ich ihnen entschlüpfen und ging allein zum Strand hinab. Die Sonne war noch nicht aufgegangen, sandte aber schon ein blasses Licht über den Strand und über die weite Meeresfläche. Es war gerade Flut. Die See sah ölig und schwer aus und war kaum bewegt. Ich wußte, daß ich wahrscheinlich mit einer starken Unterströmung zu rechnen hatte und sehr vorsichtig sein mußte. Ich zog meine Sandalen aus und watete hinein. Die plötzliche Kühle des Wassers war wundervoll. Ich begann sogleich zu schwimmen.

Als ich dachte, ich sei nun weit genug von der Küste, wandte ich mich um und versuchte zurückzuschwimmen, aber ich konnte nicht. Ich spürte den starken Sog des Wassers, der mich immer weiter vom Strand wegzog. Ich wußte, daß ich nicht die Angst in mir die Oberhand gewinnen lassen durfte. Einen Augenblick ließ ich mich treiben, um neue Kräfte zu sammeln, mußte aber feststellen, daß ich viel schneller aufs Meer hinausgetragen wurde, als ich anfangs dachte. Das beunruhigte mich sehr, und Furcht ergriff mich. Ich konnte gegen die Unterströmung nicht ankommen. Das Meer war hier so tief und still, daß wahrscheinlich auch die grauen Haie nicht weit sein würden. Es war kein angenehmer Gedanke, diese gefährlichen Fische womöglich in meiner Nähe zu wissen, ohne daß ich sie sehen konnte. Meine Furcht wurde immer größer. Ich wandte den Kopf zur Küste und rief verzweifelt: »Ajax! Ajax!«

Mir schienen es Minuten, aber vielleicht dauerte es auch nur einige Sekunden, bis ich auf dem blaßgoldenen Strand in der Morgensonne die dunklere goldbraune Gestalt von Ajax sah. Er sprang von dem festen Sand am Ufer ab, als würde er aus einer Kanone geschossen, und dann sah ich sein mächtiges Haupt über dem Wasser immer näher kommen. Es dauerte vielleicht eine Minute, da war er neben mir. Ich legte meinen Arm um seinen Nacken, und er wandte sich der Küste zu, wo ich jetzt meinen Vater und Jack erblickte. Sie bemühten sich verzweifelt, das kleine Boot, das wir auf den Strand gezogen hatten, ins Wasser zu schieben.

Aber selbst Ajax, dieser kräftige Schwimmer, konnte

gegen die starke Unterströmung nicht ankommen. Mit meinem Gewicht, das an ihm hing, konnte er sich gerade auf der Stelle halten. Ich war zu erschöpft, um ihn zu unterstützen. Ich konnte mich nur bemühen, ihn nicht allzusehr zu behindern. Ich hörte ermutigende Zurufe meines Vaters, spürte aber schon, wie auch Ajax die Kräfte verließen. Seine Schultern bewegten sich langsamer, mit aller Anstrengung versuchte er zu verhindern, daß wir untergingen.

Weiter weiß ich fast nichts mehr. Ich merkte dunkel, daß das Boot neben uns war, und hatte nur einen einzigen Gedanken: Ajax um keinen Preis loszulassen. Mein Vater erzählte mir später, daß es ihm und Jack nicht gelungen war, meine Hände von Ajax' Nacken zu lösen, und daß sie den großen Hund und mich zusammen ins Boot ziehen mußten. Das wahr sehr schwierig, und sie wollten uns schon einfach hinter sich zur Küste schleppen. Aber auch sie dachten an die Haifische und brachten es schließlich mit größter Anstrengung fertig, den Hund und mich ins Boot zu ziehen.

Als wir ans Ufer kamen, wickelte mein Vater mich in meinen Bademantel, machte aus Sand eine Kopfstütze für mich und sagte, ich solle ganz still liegenbleiben. Dieses einzige Mal in seinem Leben verlor Ajax seine gewohnte Sicherheit. Kein menschliches Gesicht konnte mit größerer Besorgnis auf mich herabblicken. Er tappte sanft um mich herum, brachte hin und wieder sein mächtiges Haupt nahe an meinen Kopf, leckte mir die Hand und legte sich schließlich dicht neben mich.

Nach einigen Minuten fühlte ich mich besser. Mein Vater erzählte mir, er und Jack hätten auch ein Morgenbad nehmen wollen. Gerade als sie aus dem Haus kamen, sahen sie Ajax durch den Garten sausen und über das Gitter springen. Das brachte sie auf den Gedanken, daß ich vielleicht in Gefahr sei, und sie liefen hinter dem Hund her. Unten am Strand sahen sie Ajax' Kopf weit draußen im Wasser und daneben einen kleinen Fleck, der wohl mein Kopf sein mußte. Sie rannten nach dem Boot, und da hatte Ajax mich bereits erreicht.

Im übrigen waren diese Ferien am Meer himmlisch. Benny wurde besonders angezogen von dem Gekribbel und Gekrabbel in den tiefen Wasserlöchern zwischen den Felsen. Diese Wasserlöcher waren rund und recht tief. Sie werden von dem Strudel der Wogen gegraben, die jahrelang Steine um und um wirbeln, bis schließlich diese trichterförmigen Höhlen entstehen, die dann alles mögliche Seegetier beherbergen. Besonders die Krebse erregten immer wieder Bens und Algys Interesse. Algy steckte seine Nase in die dicken Seegrasbüschel und gab ein überraschtes Bellen von sich, wenn ihn irgend etwas kniff. Dann zog er sich rasch zurück. Er kroch aber wieder näher heran, weil er seine Neugier nicht beherrschen konnte, um alsbald wiederum mit einem Schreckenslaut zurückzuzucken. Manchmal hing ein kleiner wütender Krebs an seiner Nase. Dann kam Benny herbei, blies die Lungen auf und ließ ein gewaltiges Gebell hören, worauf der Krebs sich erschreckt fallen ließ. Benny trat näher und versuchte, die

Hinterseite des Krebses zu erwischen, wo er nicht kneifen konnte – doch der Krebs ergriff seitwärts die Flucht.

Das alles war ein großer Spaß, und über einen meiner Freunde geriet selbst Ajax in Verwunderung. Ich wühlte in einem der Wasserlöcher und mußte bald entdecken, daß das gesprenkelte Seegras, nach dem ich gegriffen hatte, ein winziger Tintenfisch war, der sich an meine Fingerspitzen heftete. Dann streckten sich seine dünnen Arme, acht an der Zahl, im Wasser aus, jeder nur ein paar Zentimeter lang. Sein komisches kleines Gesicht schien nur aus ein paar Augen und einer winzigen Mundöffnung zu bestehen. Ich zog meine Hand aus dem Wasser und brachte es dabei fertig, das Tier sanft von den Steinen zu lösen. Es schlang seine Fangarme um meine Hand. Die Hunde waren wild vor Aufregung. Jeder wollte es zuerst sehen. Ich mußte laut lachen, weil der würdige Ajax den Kopf auf eine sehr unwürdige Art wegwandte, als das kleine Tier seine Nase berührte.

Algy war sehr zutraulich, da er sich ja in alles kleine Getier auf den ersten Blick verliebte. Der kampflustige Benny jedoch mußte durch scharfe Befehle an seinem Platz gehalten werden. Der kleine Tintenfisch war gar nicht verängstigt, sondern sehr regsam. Er machte sich von meiner Hand los, lief mir über den Arm und über die Schulter, dann über den Rücken hinab und ließ sich wieder auf die Steine fallen. Dort reckte er sich auf seinen acht Armen hoch und rannte dann in das Wasserloch zurück. Es war eine Szene wie in einem Film von Walt Disney.

Für ein Kind wie mich, das fern vom Meer aufgewachsen war, brachten diese müßigen Sonnentage immer neue Überraschungen. Schon der Fund einer alten Holzplanke, von der Flut ausgewaschen und dicht mit Entenmuscheln besetzt, war sehr aufregend. Die Hunde wurden ganz wild. Sie bellten laut und sprangen umher, während auf der Planke Tausende kleiner Köpfe sich hoben und ziellos hin und her bewegten. Ich glaube, die Planke sah für die Hunde aus wie ein einziges langes, sehr merkwürdiges Tier.

Aber auch dieser Sommer ging einmal zu Ende. Auf der Rückfahrt blieben wir einige Tage in Sydney, weil meine Mutter Einkäufe machen wollte. Es war nicht leicht mit den Hunden in der Stadt, denn keiner von ihnen hatte je ein Halsband getragen, und sie hatten keine Ahnung vom Straßenverkehr. So blieb ihr einziges Bewegungsfeld, ja ihr ganzes Stadtleben auf das flache Dach des Hotels beschränkt, wo wir sie einsperren mußten. Meine Familie gehörte zu den Stammgästen in diesem Hotel. Daher war man dort sehr nett zu meinen Hunden. Das erleichterte die Sache, und überhaupt war es ja nur für ein paar Tage.

Bei diesem Aufenthalt gewannen wir einen neuen Tierfreund, und das machte die Unbequemlichkeit mehr als wett.

Kiko

Während unseres Aufenthalts mit den Hunden im Hotel Metropol war meine Mutter sehr damit beschäftigt, eine Erzieherin für mich zu suchen. Ich hielt davon nicht viel, denn ich hatte noch nie richtigen Unterricht gehabt. Ich konnte schon seit ich fünf war recht gut lesen und schreiben und hatte nicht die geringste Lust, noch irgend etwas anderes zu lernen. Mit meinem Vater verbrachte ich ganze Stunden in dem Zoo im Taronga-Park. Besonders liebte ich die Affen und konnte die Tierwärter dazu bewegen, daß sie mich mit in die Käfige ließen, so daß ich die kleinen Gibbons füttern, den Schimpansen ihre Milch geben und die Orang-Utans spazierenführen durfte.

Bei dieser Gelegenheit gewann ich einen Freund, einen alten Kapitän, der die Affen ebenso liebte wie ich. Er transportierte Tiere aus dem Osten in die australischen Zoos. Als ich ihn zum erstenmal traf, besuchte er gerade die neueste Lieferung von Affen, die er zu Schiff herübergebracht hatte. Für gewöhnlich überstehen die tropischen Affen die Seereise nicht, weil die Nächte auf See für diese Tiere, die in den dampfenden tropischen Wäldern des Malaiischen Archipels aufwachsen, zu kalt sind. Der Kapitän konnte auch den Anblick der armen Kleinen, wenn sie eng eingesperrt und sehr elend waren, nicht ertragen. Affen werden leicht seekrank und bekommen schnell eine Lungenentzündung.

So ließ der Kapitän, sobald er mit seinem Schiff auf See war, von den Matrosen kleine Pyjamas für die Affen nähen. Die rauhen Seemänner ließen sich nur sehr ungern als Affenschneider beschäftigen, aber der Kapitän war hartnäckig. Als dann die Pyjamas fertig waren, mußten die Matrosen jeden Abend die Affen einfangen und einkleiden und ihnen morgens die Schlafanzüge wieder ausziehen. Die Tiere bissen und kratzten, aber jeden Abend überzeugte sich der Kapitän, daß die vierzig kleinen Affen ihre kleinen Schlafanzüge anhatten, und wünschte ihnen eine gute Nacht. Dank dieser Vorsorge starb kein einziger von den Affen. Die Matrosen jedoch waren sehr erleichtert, als diese Seereise überstanden war.

Eines Tages kam der Kapitän zum Essen zu uns ins Hotel. Ich zeigte ihm meine Hunde. Sogar der stolze Ajax konnte nicht umhin, ihn auf den ersten Blick gern zu haben. Dann machte ich mit dem Kapitän einen Spaziergang durch die Stadt. Draußen vor dem Hotel hörten wir lustige Musik und sahen einen jungen Italiener, der eine Orgel drehte. Auf dem Kasten saß ein ganz kleines, elendes Äffchen. Es hatte einen Gürtel und eine schwere Kette um den Leib, trug einen schmutzigen roten Fetzen als Mäntelchen und eine alberne Kappe über seinem runzligen Gesicht. Es zitterte vor Kälte, denn wir hatten erst Mai, und im Mai kann es in Sydney sehr kalt sein. Der Kapitän gab mir einen Penny für das

Äffchen. Es streckte seine kleine Klaue aus, ergriff aber nicht den Penny, sondern meine Finger.

Der Italiener fuhr fort, seine Orgel zu drehen. Ich nahm das Äffchen auf den Arm und drückte den bebenden kleinen Leib an mich, um ihn zu wärmen, während das Tier schwach und traurig piepste. Es war eine der vielen Arten von Kapuzineraffen, wie mir der Kapitän sagte. Doch mit seinem langen Schwanz, der eigentlich buschig hätte sein sollen, aber wie von Motten kahlgefressen war, sah es mehr wie ein Eichhörnchen aus. Die meisten Affen auf Drehorgeln haben ein drahtiges, leicht grünlich schimmerndes Fell, sie stehen aufrecht und haben Schwänze wie Peitschen. Dieser aber war ganz klein und sanftmütig und sehr erbärmlich.

Ich war den Tränen nahe, als ich das kleine Ding wieder auf die Drehorgel setzte und es immer wieder zu mir zurückwollte. Der Kapitän gab dem Mann etwas Geld und sagte, er solle dem Affen ein wärmeres Mäntelchen kaufen. Dann gingen wir weiter, doch bald hörten wir Rufe hinter uns. Der Italiener kam uns nach, während das Äffchen zurückblieb und gegen den kalten Wind Schutz suchte. Der Mann bot dem Kapitän den Affen zum Kauf an. Der Kapitän wollte nicht recht, konnte aber den Italiener nicht loswerden. Ich ging zu dem Äffchen, nahm es auf den Arm und schützte es gegen den kalten Wind.

Nach einer Weile kamen die beiden Männer herbei. Der Italiener redete auf mich ein und ließ dabei seine weißen Zähne in der Sonne blitzen, aber ich achtete nicht darauf und war bemüht, den Affen warm zu halten.

Da machte der Italiener die Kette los und gab sie mir in die Hand. »Nimm du den Affen«, sagte er und grinste.

Ich blickte den Kapitän an.

»Der Affe gehört jetzt dir«, sagte er lächelnd.

»Aber will er ihn denn nicht behalten?«

»Nein, er geht fort von hier.«

»Der Herr da hat den Affen gekauft«, erklärte der Italiener.

»Oh, er ist für mich? Soll das heißen, daß er mir gehört?« Ich konnte es kaum glauben.

»Ja, er gehört dir – das heißt, wenn deine Mutter es erlaubt.«

»Danke!« sagte ich. »Ich liebe ihn schon!«

Ich nahm den kleinen Affen unter meinen Mantel, und wir gingen ins Hotel zurück. Meine Mutter war gerade beim Briefeschreiben. Sie war entsetzt, daß ich so ein schmutziges kleines Ding in seinem gräßlichen Mäntelchen an mich drückte, aber noch entsetzter war sie über den verwahrlosten Zustand des Tiers. Sie ging hinauf, ihren Hut zu holen, und brachte einen warmen Schal mit, in den wir den Affen hüllten. Dann fuhren wir sofort in einer Droschke zum Tierarzt.

Der Tierarzt sagte, mit dem Äffchen sei alles in Ordnung, nur sei es sehr vernachlässigt. Er nahm ihm den Gürtel und die Kette ab und sah, daß darunter sein Leib entzündet und geschwollen war. Dann nahm er das kleine Tier mit. Nach einer Viertelstunde brachte er uns ein Äffchen wieder, das sehr viel sauberer aussah und einen Verband um den Leib trug. Wir kauften ein leichtes Riemchen und eine Kette und Rosinen und Bananen, und da wir für den Affen kein passendes Mäntelchen bekamen, kauften wir etwas weichen Flanell, aus dem meine Mutter ihm eins nähen wollte.

Dann gingen wir ins Hotel zurück und fragten uns, wie wir den kleinen Burschen dort einschmuggeln könnten. Wir durften aber sicher sein, daß das freundliche Zimmermädchen uns nicht verraten würde.

Auch mein Vater kam und meinte: »Es wundert mich gar nicht, ein Äffchen bei euch zu finden. Ich bin schon darauf gefaßt, jedesmal, wenn ich wiederkomme, ein neues Tier bei dir anzutreffen.«

Der Kapitän taufte meinen neuen Liebling Kiko. Wir kauften ein Körbchen, in dem ich Kiko umhertragen konnte, in den Garten und hinauf aufs Dach.

Ich wußte, daß meine Hunde ihm nichts tun würden, obwohl Ben, der sich seit je für den kleinsten Liebling hielt, recht unwillig werden konnte, wenn er einen noch kleineren Nebenbuhler bekam. Vor allem aber war ich gespannt, wie Kiko sich mit ihnen abfinden würde. Ich mußte eine große Überraschung erleben. In Benny hatte ich mich nicht getäuscht; er war etwas eifersüchtig. Algy liebte Kiko auf den ersten Blick, aber Ajax, der sonst so Gleichgültige, war fast ebenso erfreut über Kiko und zeigte das, soweit es ihm möglich war. Kiko hielt sich denn auch immer an Ajax, wenn er mit den drei Hunden zusammen war, und Ajax hatte das sehr gern. Er streckte sich in der Sonne aus und tat, als schliefe er. Mit seinem goldgelben Fell sah er prächtig aus. Dann kroch Kiko zwischen seine Vorderpfoten, gerade unter seinen Hals, während Ajax ihn liebevoll beschnüffelte, wie er es noch niemals mit einem anderen Tier gemacht hatte.

Die lange Heimfahrt genossen wir sehr, obwohl ich über den Abschied von meinem Freund, dem Kapitän, traurig war. Kikos wunder Bauch war schon fast geheilt. Er kletterte im Auto umher, schlief auf meinem Schoß und spielte glücklich mit den Hunden, während unser Auto die vielen hundert Kilometer auf schlechten Straßen zurücklegte.

Als wir wieder zu Hause waren, schlug Kiko sein Lager in meinem Kinderzimmer auf. Er kletterte nicht umher wie andere Affen, sondern lief mehr über den Fußboden, wobei er seinen buschigen Schwanz durch die Hinterbeine steckte. Wenn er Gürtel und Kette trug, hielt er das Ende der Kette elegant in seiner Samtpfote und hob es hoch wie eine vornehme Dame ihre Schleppe.

Kiko bekam bald ein herrlich seidiges Fell und grunzte und piepste den ganzen Tag glücklich vor sich hin. Er hatte es gern, wenn man sich um ihn kümmerte, und entwickelte einen für seine kleine Person gewaltigen Appetit. Bei Tisch benahm er sich sehr manierlich. Wenn er eine Weintraube von mir bekam, tappte er immer mit der Pfote auf meine Hand, als wolle er danke sagen. Ich glaube, er hatte es sehr gut bei uns. Er war ein lebhafter kleiner Kerl und hatte seinen eigenen Spielzeugkasten. Nachts räumte ich sein Spielzeug fort, aber morgens kramte er alles wieder aus. Sein Liebstes war ein kleiner Teppichfetzen, den er mit Reißzwecken an den Boden heftete. Dann schlug er mit einem kleinen Hammer darauf, den er sich aus dem Werkzeugkasten meines Bruders geholt hatte. Abends nahm ich das Stückchen Teppich wieder auf. Aber jeden Morgen begann er mit dieser Arbeit von neuem, unermüdlich und ohne sich je mit dem Hammer auf die Pfote zu schlagen. Wenn er damit genug gespielt hatte, mußte Ajax sich niederlegen, und Kiko kroch auf ihm umher, bis er müde war. Dann schliefen beide zusammen.

Da meine Mutter keine geeignete Erzieherin für mich gefunden hatte, war mir noch eine glückliche Galgenfrist gegeben. Ich wußte, eines Tages würde ich zur Schule gehen müssen. Die Vorstellung war mir verhaßt, aber ich war ja noch lange nicht fünfzehn Jahre alt. So hatte ich denn weiter meinen Spaß mit meinen Hunden und mit Kiko. Vor allem aber sah ich sehnsüchtig dem großen Ereignis der Ausstellung entgegen. Sie sollte in diesem Jahr mit Zirkusvorstellungen und einem Jahrmarkt verbunden sein und einige Wochen nach unserer Heimkehr stattfinden.

Das Känguruh Mathilde

Die meisten Sensationen im australischen Busch haben irgendwie mit Pferden zu tun. In Australien lernt man nicht reiten, man reitet einfach und fängt damit an, wenn man noch so jung ist, daß man sich im späteren Leben überhaupt nicht erinnern kann, irgendwann noch nicht geritten zu sein. Der englische Reitstil ist viel steifer als der australische. In England muß man einen Reitsitz lernen und wie man die Hände und Füße zu halten hat und was zu tun ist, wenn das Pferd eine überraschende Bewegung macht. Auch sind die englischen Sättel weniger flach und glatt als die australischen, und die Steigbügelriemen sind kürzer. Die Australier reiten mit Balance und mit Instinkt; sie halten die Hände tief, weil man so am besten einen Pferdekopf dirigieren kann. Die australischen Pferde traben nur selten; sie fallen vom Schritt unmittelbar in Galopp. Wenn man aber über lange Strecken reitet, verfallen sie in einen entsetzlich stoßenden Trab.

Wir ritten nie zum Vergnügen, höchstens bei Reiterwettkämpfen. Reiten gehörte zu unserem Leben und zu unserer Arbeit; außerdem diente es dazu, einen vom einem Ort an den anderen zu bringen. Die Pferdeknechte konnten es einfach nicht begreifen, wenn unsere englischen Freunde einen »Spazierritt« machen wollten.

Mindestens einmal im Jahr kam ein beruflicher Einreiter auf unsere Farm. In der Mitte jeder Pferdekoppel ist immer ein runder Platz ausgespart und mit einem hohen, starken Gatter umgeben. Auf diesem Platz werden die Pferde zugeritten.

Dies erregte von klein auf meine größte Bewunderung. Ich saß immer auf dem höchsten Gatter, sozusagen im ersten Rang, und hatte Ben neben mir, während Algy und Ajax unten standen. Der Zureiter sprang auf den Rücken der wilden Pferde und ritt unter Bocken und Schnauben der Tiere rund um den Platz. Es war ein einziger Wirbel von Staub und Schweiß, bis die armen Tiere, deren Wille buchstäblich gebrochen wurde, zitternd zur Ruhe kamen. Es war ein recht grausames Verfahren. Da aber so viele Pferde zugeritten werden mußten und es dafür so wenige Männer gab, ging es nicht anders. Vollblutpferde erfuhren natürlich eine sorgfältigere Behandlung und wurden langsamer zugeritten. Doch für die Zähmung der halbwilden Pferde, die auf den Koppeln waren und sich nicht sehr von den ganz wilden Pferden, den sogenannten Brumbies, unterschieden, kannte man nur diese gewaltsame Methode. Aber selbst dann wurden sie niemals völlig zahm, und sie zu reiten war alles andere als ein Vergnügen.

Ebenfalls einmal im Jahr wurden die Fohlen zusammengetrieben, eine langbeinige, wilde Bande, und bekamen ihren Brandstempel. Manchmal legte einer der Pferdeknechte einem Fohlen ein Halfter um und setzte mich auf seinen Rücken. Meist bockte das Tier wie verrückt. Ich schoß in hohem Bogen durch die Luft, und einer der Knechte fing mich auf. Es war nicht gefährlich, weil die Männer auf mich aufpaßten. Das war mein größtes Vergnügen, bis ich zu schwer wurde und die Knechte mich nicht mehr aus der Luft auffangen konnten.

Da also jedermann von früh an und das ganze Leben hindurch mit Pferden zu tun hatte, waren Vergnügungen wie zum Beispiel der Reiterwettstreit auf bockenden Pferden sportliche Ereignisse. Einer dieser Wettkämpfe war besonders berühmt. Das Pferd, das dabei auftrat, galt als der wildeste Bocker im ganzen Land, und der Mann, der es ritt, war der beste Reiter weit und breit. Als wir hörten, daß dieser Mann, er hieß Billy Weight, und sein Pferd Bob zu der Schau kämen, waren wir sehr gespannt. Auch würden viele Jahrmarktsbuden dort sein und natürlich das unvermeidliche Karussell. Man kann sich kaum vorstellen, daß Kinder aus dem australischen Busch, die so oft schon auf richtigen Pferden gesessen hatten, sich etwas daraus machten, auf kleinen Holzpferden unter Drehorgelmusik im Kreis zu reiten. Aber damals hatten die meisten Buschkinder noch nie eine Eisenbahn gesehen, kein großes Haus und kein Meer. Diese kleinen Jahrmärkte bedeuteten für uns einmal im Jahr einen Höhepunkt an Glanz und Aufregung.

Als nun diese besondere Schau ihre Pforten öffnete, fuhren mein Vater und ich im Auto hin. Es war ein offener Lastwagen, doch wir nannten es unser Auto. Es war an den Seiten mit einem Drahtgitter versehen, so daß die Hunde mitfahren konnten. Wir nahmen sie fast überallhin mit. Zu Hause wollten sie nicht bleiben, und in dem Lastauto konnten sie einfach liegen und schlafen, während wir weggingen.

Auf der Ausstellung angekommen, gingen mein Vater und ich zuerst zu den Jahrmarktsbuden. Die Hunde ließen wir im Auto zurück. Wir lachten uns halbtot vor den Zerrspiegeln, und ich durfte auch Karussell fahren. Wir trafen dort unseren alten Freund, den Schlangenhändler. Er lief auf rosa Wollsocken in seiner Schlangengrube umher. So konnte er, wie er behauptete, von den Schlangen nicht gebissen werden.

Dann war es Zeit für die Reitervorführung. In dem Zelt schienen sich alle Buschmänner von weit und breit versammelt zu haben, denn in diesem Lande, wo jeder einzelne ein guter Reiter war, galt Billy Weight bei weitem als der Beste. Er war ein Halbblut (diese Männer sind oft fabelhafte Reiter), und Bob, sein Pferd, war einfach einzigartig. Wirklich bockende Pferde sind sehr selten. Viele Pferde bocken, aber sie benehmen sich dabei meistens nur wie Wildschweine, beugen den Kopf zur Erde, stemmen sich hinten hoch und springen auf diese steifbeinige Art umher. Schon dabei ist es schwer, oben zu bleiben. Ein richtiger Bockspringer aber ist fast überhaupt nicht zu reiten, denn er gibt seinem Körper, während er mit allen vier Beinen in der Luft schwebt, eine blitzschnelle Drehung. So war Bob, und das war die wahre Sache. Die besten Reiter in ganz Australien konnten sich nicht auf ihm halten.

Der Ring im Innern des Zeltes war ein kleiner, festgestampfter Platz, umgeben von einem starken Eisengitter, damit die bockenden Pferde nicht ausbrechen konnten. Dennoch kam das nicht selten vor. Das Zelt war durch rauchende Öllampen erhellt. Stühle gab es nicht. Alle standen, und das Zelt war gedrängt voll von lederhäutigen Buschmännern, die begierig waren, diesen Reiter zu sehen, der besser sein sollte als sie selbst. Mein Vater kannte die meisten der Männer; sie ließen mich zwischen ihren Beinen durchschlüpfen, bis ich vorne am Ring stand. Dann hob mich ein Mann hoch und setzte mich auf seine Schultern.

In Filmen über amerikanische Rodeos sind die Pferde meist gesattelt und werden in einem Verschlag bestiegen, der nicht größer ist als das Pferd selbst. Auf diese Weise kann es nicht um sich schlagen. Bei uns in Australien ist das aber ganz anders. Der Sattel wird zwar vorher aufgelegt, aber es ist ein schlüpfrigglatter Sattel ohne Kniestützen, etwa wie ein großer Rennsattel. Dann wird das Tor des Verschlages geöffnet, das Pferd saust hinaus und wird frei im Ring bestiegen.

Von meinem hohen Platz auf den Schultern des Mannes sah ich Bob in den Ring stürmen. Er war ein gewaltiger Schimmel, 1,80 Meter hoch. Sein Fell glänzte von Schweiß. Dann schlüpfte Billy Weight in den Ring. Er war ein kleiner schlanker Mann, geschmeidig wie eine Katze. In der einen Hand hielt er einen alten

Filzhut, und an den Füßen trug er weißbesohlte Stiefel. Bob bäumte sich auf und schlug hinten und vorne aus. Billy rannte einige Schritte durch den Ring und sprang hoch durch die Luft auf den sich drehenden und wirbelnden Pferdeleib. Er brüllte und schlug das Pferd mit seinem alten Filzhut. Die drehenden und wirbelnden Gewaltsprünge des mächtigen Tieres waren in ihrer Heftigkeit und Wildheit ein aufregendes Schauspiel. Die Buschmänner rundum wußten zu schätzen, was für ein großartiger Reiter dieser Mann war.

Als Billy dachte, Bob habe nun genug, glitt er gewandt aus dem Sattel. Das Gatter wurde geöffnet, und Bob stürmte wie der Blitz davon. Still und verlassen lag der trübe erleuchtete Reitplatz da.

Als wir aus dem Zelt herauskamen, sahen wir ein Schild: »Boxendes Känguruh«. Mein Vater war darauf nicht besonders scharf, denn er liebte es ganz und gar nicht, daß man Känguruhs zum Boxen zwang. Aber ich wollte es unbedingt sehen, und so ging er mit mir hin. Im Zelt waren nur ein paar Menschen, und auf einer Seite in dem kleinen, von Seilen umgebenen Ring stand ein Riesenkänguruh. Es stand ganz unbeteiligt da. Sein Fell schimmerte seltsam fleckig in dem Zwielicht. Ich ging zu ihm hin und kraulte es an den Ohren. Es schmiegte den Kopf an meine Hand, und ich dachte: Wie sanftmütig ist doch ein so großes Tier.

Dann hielt der Schaubudenbesitzer eine kleine Rede. Ich hörte aber nicht hin. Ein Mann kam in den Ring, dem der Budenbesitzer Boxhandschuhe anzog. Dann kam er zu mir herüber und streifte auch dem Tier, das ängstlich zurückwich, Boxhandschuhe über die Pfoten.

Ich sagte: »Sehen Sie nicht, daß es diese Dinger nicht will? Warum lassen Sie es nicht in Ruhe?«

Der Mann lachte unangenehm. »Wenn es nicht kämpft, verliere ich mein Geld. Los, komm her«, und er stieß das Känguruh mitten in den Ring.

Die Vorderbeine des Känguruhs sahen entsetzlich dünn und gebrechlich aus, und seine Pfoten verloren sich in den riesigen Handschuhen. Der Budenbesitzer stieß es roh zu dem Mann hin, gegen den es kämpfen sollte. Es balancierte auf seinem Schwanz, und der Mann versetzte ihm einen Schlag an den Kopf. Das arme Tier ging rückwärts, der Budenbesitzer brüllte, und der andere Mann schlug wieder zu, während das Känguruh ungeschickt und ängstlich rückwärts hoppelte.

Mein Vater nahm mich beim Arm und sagte: »Komm hier weg, das ist nichts für dich.«

Da ergriff mich plötzlich eine Wut auf die Leute, die da herumstanden und das arme Tier begaffen wollten. Ich riß mich von meinem Vater los, kroch unter dem Seil hindurch in den Ring und lief zwischen das Känguruh und den Mann. Dabei schrie ich: »Wollen Sie es wohl in Ruhe lassen, Sie Rohling!«

Der Mann lachte; alle Leute lachten.

Ich war entsetzlich wütend und brüllte weiter. »Wenn Ajax und Algy hier wären, würde Ihnen schon das Lachen vergehen. Ajax! Algy! Kommt her!«

Mein Vater stand am Ring und paßte auf, daß ich

mich nicht wirklich in Ungelegenheiten brächte. Auch er haßte jede Grausamkeit, aber da ich mich immer überall einmischte, fand er, ich müsse lernen, mich nicht auf Dinge einzulassen, mit denen ich nicht allein fertig werden konnte.

Der Budenbesitzer versuchte, mich von dem Känguruh wegzuziehen, aber ich klammerte mich mit geschlossenen Augen an das Tier und rief weiter nach den Hunden.

Wie die Hunde aus dem Auto herausgekommen sind, wird immer ein Geheimnis bleiben. Plötzlich teilte sich die Menge in dem Zelt, und Ajax war mit einem gewaltigen Sprung über die Seile neben mir. Seine Augen funkelten, und das tiefe Donnergrollen aus seiner mächtigen Brust ließ den Budenbesitzer einige Schritte zurückweichen.

Dann galoppierte auch Algy in den Ring, bebend und knurrend, gefolgt von Benny, der sich die Seele aus dem Leib bellte und mehr Lärm machte als die beiden anderen zusammen, obwohl er so klein war.

Der Budenbesitzer und der Boxer zogen sich aus dem Ring zurück und sahen nervös zu den Hunden hinüber. Mein Vater verhielt sich abwartend. Er wußte, daß Ajax nichts tun würde, solange mich niemand berührte – und das schien niemand zu wagen, denn der Riesenhund stand reglos wie eine Statue neben mir und bebte nur von seinem keuchenden Atem. Algy stand breitbeinig auf meiner anderen Seite, den großen Kopf geduckt, schnaubend und knurrend. Ben tanzte in wilder Aufregung umher und schien gar nicht zu wissen, was eigentlich los war.

»Wagen Sie nicht, mein Känguruh anzurühren!« schrie ich dem Budenbesitzer zu.

Er brüllte zurück: »Dein Känguruh? Das ist gut! Dir werde ich's zeigen.« Er machte einen Schritt auf mich zu, und Ajax machte einen Schritt ihm entgegen. Da zog er sich schnell wieder zurück.

»Hallo, Sie, mein Herr!« rief er meinem Vater zu. »Rufen Sie Ihre Köter zurück, bitte. Ihre kleine Tochter verdirbt mir die ganze Vorstellung.«

Mein Vater sagte: »Besser meine Tochter als die Polizei. Sie wissen genau, was Ihnen blüht, wenn Sie jemand wegen der schlechten Verfassung des Känguruhs anzeigt. Dann ist es mit Ihrer Vorstellung ein für allemal aus.«

Da rief jemand aus der Menge: »Wir wollen aber was sehen für unser Geld!«

»Das ist mir gleich. Niemand soll meinem Känguruh etwas tun!« rief ich zurück.

Die Menge begann zu lachen. Wir sahen sicher sehr komisch aus, die drei Hunde, das Känguruh und ich, mitten im Ring zusammengedrängt, und dazu der eingeschüchterte Budenbesitzer, der sich nicht mehr heranwagte. Ich nahm dem Känguruh die Boxhandschuhe ab, während Ajax und Algy Wache hielten.

Die ganze Geschichte endete natürlich damit, daß mein Vater das Känguruh kaufte. Die Menge zog sich zurück, und wir verließen das Zelt.

Als wir draußen waren, sagte mein Vater: »Weißt du, diese Geschichten, auf die du dich da einläßt, kommen mich recht teuer zu stehen.«

»Ach, ich weiß, Papa, aber wir konnten das arme Tier doch nicht im Stich lassen.«

»Was hättest du denn getan, wenn die Hunde nicht gekommen wären oder wenn der Besitzer das Tier nicht verkauft hätte oder wenn ich kein Geld gehabt hätte, es zu kaufen?«

Darauf wußte ich nichts zu antworten.

Da das Känguruh sich vor den Hunden nicht zu fürchten schien, luden wir es mit ihnen zusammen hinten aufs Auto und tauften es Mathilde.

Algy betete Mathilde an und fühlte sich als ihr Retter. Sie wurde seine besondere Freundin. Ajax kümmerte sich um nichts als um meine Sicherheit. Benny aber machte ein so triumphierendes Gesicht, als hätte er Mathilde mit seinem eigenen Geld gekauft.

Mathilde freundete sich mit jedem an; sie wurde bald rund und glatt, nagte im Garten an den Blättern und spielte mit Algy. Das endete immer damit, daß sie ihm mit ihrer langen Hinterzehe einen Stoß versetzte. Algy hatte glückliche Stunden, wenn er im Schatten lag und Mathilde um ihn herumhoppelte. Er kam sich vor wie ein tapferer Ritter aus alten Märchen, der eine wunderschöne Prinzessin befreit hat. Und sie war auch wundervoll mit ihren sanften Augen, den schmalen hilflosen Vorderpfoten und dem langen kräftigen Schwanz.

Ein schlimmer Verdacht

Durch meine neuen Tiere war für Abwechslung gesorgt. Kiko hatte sich in meinem Kinderzimmer häuslich eingerichtet, und im Garten hüpfte Mathilde vergnügt umher. Der Winter ließ sich also eigentlich recht gut an. Aber dann wurde meine Großmutter krank, und meine Mutter mußte zu ihr, um sie zu pflegen; vor allem aber hatte ich großen Kummer mit Ajax.

Das schwerste Verbrechen, das ein Mann im australischen Busch begehen kann, ist der Viehdiebstahl, und ein Hund kann nichts Schlimmeres tun als ein Stück Vieh zu töten. Darum werden die wilden Hunde, die Dingos, so unbarmherzig ausgerottet, denn sie gelten als Viehräuber, die nicht nur aus Hunger töten. In einer Schafherde kann ein Dingo großen Schaden anrichten, besonders in hellen Vollmondnächten.

Für unsere Rinderfarm aber waren die Dingos nicht so bedrohlich, und wir stellten ihnen daher nicht so heftig nach wie die Schafherdenbesitzer. Oft in Mondnächten, wenn ich in meinem Bett lag, hörte ich in der Ferne das traurige Geheul der Dingos. Die Dingos sind sehr kluge Tiere; manche Buschmänner sagen, sie könnten bis fünf oder gar bis sechs zählen. Hin und wieder kampiert ein Mann ganz allein draußen im Busch, nur um einen einzigen Dingo unschädlich zu machen.

Die Milchkühe, die unsere Farm mit Milch versorgten, waren nachts immer von ihren Kälbern getrennt, damit sie am Morgen möglichst viel Milch gäben. Die Kälber wurden in dem Melkgehege eingesperrt, und die Kühe weideten außerhalb. An einem frostigen Wintermorgen war der Melker wie immer früh aufgestanden. Als er an das Gehege kam, sah er zu seiner Überraschung, daß die Kälbchen sich in einer Ecke zusammendrängten, statt wie sonst umherzuspringen. Sie riefen laut und jämmerlich nach ihren Müttern. In der gegenüberliegenden Ecke des Geheges lagen vier Kälber, vier kleine Bündel in ihrem blutbefleckten weißen Fell, und der schlammige Boden um sie herum zeigte Spuren von gewaltig großen Pfoten. Außerhalb drängten sich die Mutterkühe eng gegen das Gitter und muhten ängstlich.

Frank, der Melker, kam sofort zu meinem Vater und berichtete ihm die Sache. Ich hörte, wie sie miteinander sprachen. Dann wurde auch Jack geholt, und wir gingen alle zusammen zu dem Gehege. Mein Vater wünschte, ich solle zurückbleiben, aber ich wollte unbedingt mit. Ein fürchterlicher Verdacht stieg in mir auf. Ich wollte selbst sehen, was geschehen war.

Die Querlatten des Gitters waren aus altem morschem Holz. Der Hund war über die oberste Latte gesprungen, statt unten durchzukriechen, wie es die Hofhunde getan hätten. Das Blutbad sah ganz wie das Werk eines Dingos aus, aber Jack fand einen Umstand an der Sache auffällig. Dingos töten meist Schafe; an Kälber gehen sie nur heran, wenn sie besonders hungrig sind. Dieser

Hund war aber offenbar nicht hungrig gewesen, denn die Kälber waren unberührt bis auf die eine Bauchwunde, die der Dingo den Tieren reißt, wenn er im Blutrausch tötet. Außerdem mußte er auf seinem Weg unmittelbar an einer Schafherde vorbeigekommen sein, die zum Schlachten eingesperrt war und in der gleichen Koppel graste wie die Milchkühe.

In dem weichen Boden an dem Gatter sah man deutlich die Spuren von Hundepfoten, und an der obersten Latte hing etwas Weißes, ein Stück Fell von dem Dingo, das beim Sprung dort hängengeblieben war. Die übrigen Spuren stammten von den Kälbern; überall hatten sich ihre Hufe in den Boden gedrückt. Schweigend beugten wir uns über die Spuren.

Dann sah Frank mich bekümmert an und sagte leise: »Ich habe noch nie einen Dingo mit so breiten Pfoten gesehen. Es sieht aus wie...« Er zögerte einen Augenblick.

»Wie was, Frank?« fragte mein Vater.

»Ich möchte es nicht sagen, Chef, aber hier in der Gegend gibt es nur einen Hund, der solche Spuren hinterläßt.«

Mein Vater blickte zu mir. Ich konnte kein Wort hervorbringen. Ajax stand an meiner Seite in seiner ganzen Größe und Pracht und blickte stolz um sich.

»Nein! Ajax war es nicht!« sagte ich und legte meinen Arm um seinen großen Kopf.

Ajax drängte sich an mich und ließ tief in der Brust ein Knurren hören, als glaubte er, ich sei bedroht.

68

»Er ist ein mächtiger und einzigartiger Hund«, sagte Frank wie zur Entschuldigung. »Ich habe in meinem ganzen Leben noch keinen solchen Hund gesehen.«

»Er ist ein gewaltiger, aber auch ein gutartiger Hund«, warf mein Vater ein. »Die Beweise hier genügen nicht, ihn zu verurteilen. Frank, schaff hier erst einmal Ordnung. Wir wollen inzwischen überlegen, was am besten zu tun ist – und du kommst mit«, fügte er mit einem Blick auf mich hinzu.

Ajax und ich folgten dem Vater. Ich konnte nichts sagen; mir war kalt vor lauter Angst, und ich fühlte mich sehr elend.

»Ajax ist nun mal ein merkwürdiger Hund, wie Frank schon gesagt hat.« Mein Vater legte mir die Hand auf die Schulter. »Wenn er sich zum Viehräuber entwickelt hat, dann gibt es nur eins – eine Kugel. Das weißt du, und du weißt auch: Falls wir ihn nicht erschießen, tut es ein anderer, wenn es so weitergeht. Besser, Ajax wird schmerzlos von jemandem getötet, der ihn liebt, als daß ihn ein Fremder anschießt und vielleicht nur verwundet.«

Immer noch konnte ich nichts sagen. Ich wußte, daß mein Vater recht hatte. Nach einer Weile brachte ich leise heraus: »Aber noch nicht! Bitte, noch nicht! Wir wissen nicht sicher, daß es Ajax gewesen ist. Du darfst ihm nichts tun. Er hat mir doch das Leben gerettet!«

»Nein, wir wissen nicht sicher, ob er es war. Aber es sieht sehr schlecht für ihn aus. Ich verspreche dir, daß wir nichts tun, ehe wir nicht ganz sicher sind. Wir schulden Ajax großen Dank. Er hat dich vor dem Ertrinken gerettet; das werden wir nicht vergessen. Wenn nur Mutter nicht fort wäre! Ich möchte sie aber deswegen nicht zurückrufen«, fügte er bekümmert hinzu.

Ich war noch viel unglücklicher, als ich sagen konnte, denn ich wußte etwas, was ich meinem Vater verschwiegen hatte. Ajax, der für gewöhnlich still neben meinem Bett lag, war in den beiden letzten Nächten äußerst unruhig gewesen. In jener Nacht war ich aufgestanden, um nach ihm zu sehen. Er stand in seiner ganzen Größe neben meinem Bett. Als ich ihn mit der Hand unter der Schnauze kraulen wollte, fühlte ich etwas Klebriges. Ich sah es mir näher an und fand Blut an meiner Hand. Da dachte ich, Ajax sei wie so oft auf Jagd gewesen. Am Morgen erfuhr ich dann zu meinem Schrecken, was diese Jagd bedeutet haben könnte.

Wie immer, wenn ich in Schwierigkeiten war, ging ich zu Jack, und wir besprachen alles. Aber auch ihm sagte ich nichts davon, daß Ajax in der vorigen Nacht Blut an seiner Schnauze gehabt hatte. Alles Reden hatte auch keinen Sinn, denn wir wußten, daß es nur darauf ankam, ob Ajax schuldig war oder nicht. Wenn er schuldig war, mußte er sterben. Andernfalls hätte man ihn für sein ganzes Leben an die Kette legen müssen, und das war natürlich undenkbar. Es hätte für dieses stolze Tier nur einen langsamen Tod bedeutet.

Ich ging an den Fluß hinab und saß dort lange, die Arme um den Nacken meines Hundes geschlungen. Er legte sich dicht neben mich, um mich zu trösten. Auch Algy und sogar Ben merkten immer, wenn ich unglücklich war. Sie ließen ihr Umherspringen am Ufer sein und schmiegten sich eng an mich. Da saßen wir alle zusammengedrängt wie ein Häufchen Elend. In meiner ganzen Kindheit habe ich nicht so gelitten wie damals, als mein Herz voller Angst um meinen geliebten Hund war. Ich preßte mein Gesicht an seinen starken goldbraunen Nacken und weinte bitterlich.

In der folgenden Nacht konnte ich überhaupt nicht schlafen. Immer wieder tastete ich mit der Hand über den Bettrand und streichelte meinen Ajax. Und wie dankbar war ich, als diese Nacht vorbei und Ajax noch in Sicherheit war. Aber den Kälbchen geschah auch nichts in dieser Nacht, so daß der Gegenbeweis noch nicht erbracht war.

An dem Gehege wurden nun Wachen aufgestellt, und das sollte so bleiben, bis die mondhellen Nächte vorbei wären. Die Wächter saßen in dem kleinen Kuhschuppen. Durch die Spalten in den rohgezimmerten Wänden konnten sie das ganze Gehege überblicken, während sie selbst im Innern unsichtbar blieben. An der Wand lehnte ein geladenes Gewehr.

Der Tag zog sich lange hin. Ich zwang mich zu ruhen, um Kräfte für meine nächste Nachtwache bei Ajax zu sammeln. In der dritten Nacht konnte ich mich trotz allen Bemühens nicht wach halten und fiel schließlich in einen tiefen Schlaf. Als ich erwachte, sah ich zu meinem Schrecken, daß Ajax nicht da war.

Ich sprang aus dem Bett, schlüpfte in meine Sandalen und warme Sachen und stahl mich aus dem Haus. Natürlich wollten Algy und Ben mitkommen, doch ich wies sie so entschieden zurück, daß sie mir verblüfft nachstarrten, als ich die Gittertür vor ihnen schloß. Dann rannte ich so schnell ich konnte zu dem Gehege hinüber. Die Strecke vom Hause bis zu dem Melkschuppen lag in geisterhaftem Mondlicht, das mir in jener Nacht besonders kalt und grausig erschien. Ich habe seitdem den Mondschein nicht mehr gemocht. Einmal glaubte ich, in großer Entfernung eine mächtige Gestalt auf das Gehege zuspringen zu sehen.

Noch eine Weile hörte ich meine beiden Hunde am Gitter hinter mir winseln. Meine Sandalen knirschten auf dem eiskalten Boden. Die Grashalme schnitten mir in die Füße, die im Weiterlaufen immer feuchter und kälter wurden. Wieder glaubte ich in der Ferne Ajax zu sehen, wie er rings um das Gehege lief.

Ich erreichte das Gatter und begann an den hölzernen Latten entlang auf den Schuppen zuzulaufen, der zwischen mir und den eingepferchten Kälbern lag. In dem kalten Mondlicht fühlte ich mich allein und verlassen in einer großen trostlosen Welt. Ich tastete mich an den hölzernen Wänden des Schuppens entlang, kroch leise bis zur Tür und machte »pst«, damit Jack und mein Vater nicht vor Überraschung über mein plötzliches Erscheinen aufschrien.

Dann folgte eine Wartezeit, die sich über Stunden auszudehnen schien, aber wahrscheinlich war es nicht mehr als eine halbe Stunde. Die Kälber draußen waren unruhig und drängten sich eng aneinander. Wir drei kauerten in dem kleinen Schuppen. Plötzlich hörten wir ein Tappen und den scharrenden Laut eines mächtigen Leibes, der sich an dem Holz rieb. Dann erblickten wir oben auf dem Gatter eine mächtige goldbraune Tiergestalt im Mondlicht. Es war Ajax!

Mein Herz stockte. Ich wollte ihn rufen, wagte es aber nicht. Ich wußte, was nun zu geschehen hatte; es gab keinen Ausweg. Jack nahm schweigend das Gewehr hoch und schob den Lauf durch einen Spalt. Die Kälber bewegten sich unruhig in ihrer Ecke. Ich schloß die Augen und betete. Dann spürte ich die Hand meines Vaters auf meiner Schulter und machte die Augen wieder auf.

Das helle Mondlicht fiel auf Ajax, aber es war ein Ajax, den ich nicht kannte. Er hatte nichts Stolzes und Strahlendes an sich. Die Zunge hing ihm aus dem Maul, während er sich mit kurzen tastenden Schritten auf die erschreckten Kälber zu bewegte.

Ich glaubte wahnsinnig zu werden. Da fuhr ich zusammen. Ich wollte meinen Augen nicht trauen. Fast an derselben Stelle über dem Gatter erschien ein zweiter riesiger Hund. Leuchtendgolden schwebte er einen Augenblick im silbernen Mondlicht, ehe er auf den Boden sprang. Der andere schleichende Hund wandte sich um. Einen Augenblick standen sie einander Auge in Auge gegenüber. Der Boden schien von dem Donnergrollen in ihren Kehlen zu beben. Diese Laute klangen unendlich bedrohlicher als das Knurren und Bellen gewöhnlicher Hunde.

Wie von einer Sehne geschnellt sprang der erste Hund blitzartig los, und schon klaffte in der Schulter des anderen eine große Wunde, und das Blut floß schwarz im Mondlicht. Er wirbelte wie der Blitz herum, und diesmal wurde dem ersten Hund die Schulter aufgerissen. Wir konnten die Zähne der beiden knirschen hören. Wieder war einem von ihnen ein Biß versetzt worden, und das Blut floß.

Ich wandte mich verzweifelt an Jack. »Jack, hilf doch Ajax!«

»Aber liebes Kind, wie soll ich? Ich weiß doch nicht, welcher von beiden Ajax ist.«

»Wenn ich ihn riefe?«

»Nein, um Gottes willen nicht. Wenn du ihn ablenkst, wird er womöglich von dem anderen totgebissen.«

Beide Hunde waren schon mit Wunden bedeckt. Plötzlich wirbelte einer der beiden Leiber durch die Luft, und im selben Moment schlug der andere ihm die Zähne in die Kehle. Der Hund fiel zu Boden und lag still. Der Sieger löste sein blutendes Maul von seinem Opfer, hob den Kopf und gab einen langgezogenen Siegesschrei von sich wie ein Wolf.

»Ajax!« rief ich verzweifelt.

Der langgezogene Schrei des Hundes brach ab, und er hob verstört den Kopf, als führe er aus dem Schlaf empor. Wieder rief ich. Die blutbefleckte Gestalt wandte sich mir zu. Und schon war Ajax bei mir und hob den Kopf, um sich von mir kraulen zu lassen.

Ich wollte unbedingt mit den anderen gehen, um Ajax' toten Gegner zu betrachten.

Mein Vater murmelte: »Sie sind sich so ähnlich, daß man sie nicht auseinanderhalten kann.«

Jack untersuchte den Hundekörper näher. Dabei erinnerte er sich an den toten Bruder von Ajax, den wir in dem Baumstamm gefunden hatten. Er sagte: »Dies muß ein dritter Bruder sein. Wahrscheinlich schlüpfte er als letzter in den Baum und wand sich später wieder heraus, während Ajax durch den Leib seines toten Bruders eingesperrt blieb.«

»Dann hat also Ajax jetzt seinen Bruder umgebracht«, sagte ich traurig. Ich stellte mir vor, was für ein wundervoller Hund das geworden wäre, wenn er so gute Aufnahme gefunden hätte wie Ajax.

»Offenbar gehören sie zur gleichen Familie«, sagte Jack, »aber dieser wuchs wild auf, während Ajax gezähmt wurde – oder fast gezähmt«, fügte er hinzu und blickte lächelnd in die wildfunkelnden Augen von Ajax.

»Die Umstände sprachen schwer gegen dich, alter Bursche«, sagte mein Vater und legte Ajax die Hand auf den struppigen Kopf.

Dann erzählte ich beiden von dem Blut, das ich in jener Nacht an Ajax' Maul gefunden hatte, denn es war nun offenbar, daß er lediglich die Kälber untersucht hatte, die von seinem Bruder totgebissen worden waren.

Ajax hatte viel Blut verloren, aber er schritt aufrecht und stolz neben mir her. Winselnd ließ er sich gefallen, daß ich seine Wunden versorgte. Dann kletterte ich in mein Bett und fiel in einen tiefen Schlaf.

Mitta kommt zu Besuch

Ich war immer sehr scheu, wenn befreundete Familien ihre Kinder mitbrachten. Tatsächlich wußte ich nicht recht, wie ich mit anderen Kindern spielen sollte; ihre Ankunft flößte mir geradezu Angst ein. Oft dachte ich, sie hätten nicht genügend Achtung vor Algy, Ben und Ajax. Mein Pony Buck versuchte immer, andere Kinder abzuwerfen. Dafür gab man manchmal zu Unrecht mir die Schuld, denn ich sah es nicht gern, wenn sie auf meinem Pony ritten. Ich behauptete, daß andere Kinder seine Gangart verdürben, aber das war natürlich weit übertrieben, denn Buck hatte gar keine antrainierte Gangart. Wenn jemand auf ihm saß, hatte er nur eins im Kopf: soviel Unfug wie möglich anzustellen, und das hieß Scheuen, Bocken und Ausschlagen, bis der Reiter abgeworfen war. Danach ließ man ihn gewöhnlich in Ruhe, und er konnte seinen Lieblingsbeschäftigungen nachgehen: fressen und schlafen.

Ich war immer sehr erleichtert, wenn die Besucher wieder gingen und ich zu meinen einsamen Spielen zurückkehren konnte. Nur einmal gab es eine Ausnahme von dieser Regel. Aber dabei handelte es sich nicht um einen normalen Besuch, denn ich fand diese Freundin selbst. Sie hieß Mitta.

In einem flachkieligen selbstgezimmerten Boot mit

einer komplizierten Takelage und mit einem alten Hemd des Vaters als Segel kann man nicht besonders schnell stromaufwärts segeln, aber es macht viel Spaß. Ein Hemd ist als Segel besonders geeignet, weil man es mit den Ärmeln bequem am Mast anbinden kann. Die Hunde und ich genossen das sehr. Wenn wir des Segelns müde waren, nahm ich das große schwere Ruder und lenkte das Boot unter die tief herabhängenden Weiden, die das Flußufer säumten. Dann schliefen oder dösten wir unter diesem gesprenkelten Sonnendach.

Eines Tages lagen wir auch so mit dem Boot nahe am Ufer. Die Hunde hatten sich zum Schlafen im Boot ausgestreckt. Ich hatte keinen Laut gehört, doch ich öffnete plötzlich die Augen, denn ich spürte, daß das Boot ein wenig Schlagseite bekam. Auch die Hunde merkten es. Ajax hob knurrend den Kopf, und Benny begann wild zu bellen. Da sah ich ein Paar schwarze Hände, einen wassertriefenden schwarzen Kopf und große dunkle Augen, die über den Bootsrand schauten. Ich sprang mit den Hunden auf, und das Boot begann wild zu schwanken. Im selben Moment waren Hände, Kopf und Augen verschwunden. Ich beruhigte die Hunde und blickte umher. Aber Ajax sah mehr als ich. Er sprang ins Wasser und schwamm zu einer alten Weide hin, von der es alsbald ängstlich herabtönte: »Missie! Missie!«

Ich rief: »Keine Angst, Ajax tut dir nichts«, nahm das Ruder auf und stakte das Boot zu dem Baum hin.

Das Geschrei hörte nicht auf, und die Zweige bewegten sich, weil jemand ängstlich zwischen den grünen Blättern Schutz suchte. Endlich sah ich ein vor Nässe glänzendes schwarzes Mädchen. Sie war ein ganzes Stück kleiner als ich.

Ajax paddelte umher, trat Wasser und blickte interessiert zu der Kleinen, bis ihr Geschrei in Schimpfen überging und sie ihn mit abgebrochenen Zweigen bewarf. Ich rief Ajax zu mir ins Boot, und zwischen meinen drei Hunden sitzend, starrte ich sie überrascht an. Ich versuchte sie zu beruhigen und lud sie zu uns ins Boot ein.

Es wäre mir wohl kaum gelungen, sie zu überreden, wenn ich nicht ein paar Früchte bei mir gehabt hätte. Ich hielt ihr eine Aprikose hin. Da kletterte sie zögernd herab, wobei sie immer weiter in gebrochenem Englisch plapperte und schimpfte. Ich brachte das Boot ans Ufer und wartete auf sie, während ich Ajax und Algy am Nackenfell festhielt. Sie war so mit Ajax beschäftigt gewesen, daß sie Algy gar nicht bemerkt hatte. Als er sie jetzt augenrollend ansah, war sie nahe daran zu fliehen. Wieder hielt ich ihr die Aprikose hin. Sie kam näher, ergriff die Frucht und aß sie, während sie gleichzeitig ein undeutliches »Dankeschön« herausbrachte.

Es dauerte noch lange, bis sie sich beruhigt hatte. Ich schickte die Hunde ans Ufer und sagte ihr, sie solle ins Boot kommen. Später, als wir nach Hause mußten, saß sie an der Spitze des Bootes, splitternackt und sehr stolz über ihr mutiges Auftreten vor den Hunden.

Ich stieg ans Ufer und rief die Hunde von ihrer

Kaninchenjagd zurück. Als ich wieder zum Boot kam, war das Segel verschwunden, und Mitta hatte sich malerisch mit dem alten Hemd meines Vaters ausstaffiert. Offenbar war sie sehr stolz auf ihr neues Kostüm, dessen Ärmel ihr bis über die Knie herabhingen. In dem Hemd hätten ein halbes Dutzend Mittas Platz finden können. Es bildete hinter ihr eine lange Schleppe. Aber ich sah gleich, daß es vergebliche Liebesmüh sein würde, ihr das Kleid wieder abzunehmen. So mußte ich darauf verzichten, mein Segel zu setzen, und mich entschließen, den ganzen Heimweg zu rudern. Der Fluß stieg ständig infolge der schweren Regenfälle im Quellgebiet. Selbst in der kurzen Zeit, während wir am Ufer lagen, war er fast um einen halben Meter gestiegen. Da die Heimfahrt aber flußab ging, vermißte ich das Segel nicht allzusehr.

Natürlich beschäftigte mich der Gedanke, wie Mitta zu ihrer Familie zurückkommen sollte und wo diese überhaupt sei. Ich vermutete sie irgendwo stromaufwärts. Mitta schien jedoch nicht die geringste Absicht zu haben, sich von ihrer neuen Spielgefährtin zu trennen. Sie hatte sich anscheinend fest vorgenommen, jeden Winkel unseres Hauses in Augenschein zu nehmen, bevor sie wieder heimging.

So erschien ich zu Hause, gefolgt von ihrer kleinen Gestalt, die aussah wie ein dünner Römer in der Toga eines dicken Römers. Ihr Gesicht strahlte, als sie unser Haus und alles darin betrachtete, was ihr wie ein wahres Wunder erschien.

Meine Mutter war sehr überrascht, doch das ist nur ein schwacher Ausdruck. Wahrscheinlich war sie entsetzt, aber es hatte inzwischen heftig zu regnen begonnen, und man konnte Mitta nicht gut nach Hause schicken, bevor es sich etwas aufgeklärt hatte. Dann mußten wir allerdings entdecken, daß Mitta keine blasse Ahnung hatte, wo sie zu Hause war. Sie wußte nur, daß es auf der anderen Seite des Flusses war. Ihr Vater war Viehtreiber. Vor einem Jahr hatte er seine Familie aus dem Norden hergeführt und eine Viehherde von mehreren hundert Stück meilenweit über Land getrieben. Als die Herde abgeliefert war, hatte er so viel Gefallen am zivilisierten Leben gefunden, daß er weiter nach Süden wollte statt heimwärts nach Norden.

So begannen Mitta, ihre Mutter und ihr Vater und verschiedene jüngere Geschwister eine langwierige Überlandtour auf die Grenze zwischen Neu-Südwales und Queensland zu. Manchmal nahm ein Viehtransport die Familie in einem leeren Waggon mit, und ein- oder zweimal wurden sie sogar in einem leeren Viehauto mitgenommen. Dazwischen wanderten sie wahrscheinlich weite Strecken. Die ganze Reise endete schließlich damit, daß sie sich ein paar Kilometer oberhalb von Gunyan niederließen. Mitta, die immer alles erforschen mußte, war schon nahe bei unserem Haus gewesen. Als sie mich mit den Hunden auf dem Fluß erspähte, beschloß sie, der Sache auf den Grund zu gehen.

In meinem Zimmer betrachtete Mitta überwältigt meine Puppen und Spielsachen. Als ich ihr sagte, sie könne Flo gerne behalten, wußte sie sich vor Freude nicht zu lassen. Flo war meine Lieblingspuppe, eine elegante kleine Dame in einer rosa Bluse mit Pelzbesatz, mit einem Strohhut, der unter dem Kinn mit einem Schleier festgebunden war, einem langen grauen Rock und Knöpfstiefeln. Sie fuhr auf einem Dreirad, das man aufziehen konnte. Mitta war ganz verdutzt, als Flo nach dem Aufziehen plötzlich lebendig wurde. Es sah ulkig aus, wie diese englische Miniaturdame wacker auf ihrem Dreirad rundum fuhr und das kleine schwarze Mädchen sie verzückt anstarrte, wobei es die Augen so weit aufriß, daß man das bläuliche Weiß rings um die Pupillen sah.

Wenn dann Flo stehenblieb, weil das Uhrwerk abgelaufen war, saß Mitta nachdenklich da und schüttelte den Kopf. »Flo jetzt mausetot!«

Meine Mutter kam herein und brachte ein paar Kleider, aus denen ich herausgewachsen war, doch Mitta wollte sich von ihrem Hemd nicht trennen. Nachdem wir alle unsere Überredungskünste versucht hatten, ließ sie sich schließlich dazu bewegen, ein rosa Leinenkleid anzuziehen; wir mußten ihr aber versprechen, daß sie auch das Hemd mit nach Hause nehmen dürfe.

Der Regen goß immer noch hernieder; der Fluß stieg sehr schnell und war schon unpassierbar geworden. Mein Vater sagte, wir müßten Mitta dabehalten, bis die Flut sich verlaufen habe und sie nach Hause finden könne, oder aber wir müßten jemand zu ihrem Vater schicken, damit er sie hole. So kam es, daß Mitta und ich eine ganze Woche miteinander verbrachten, und es entwickelte sich eine Freundschaft, die anhielt, bis Mittas Familie wieder in den Busch zog.

In ihrem Verhalten und ihren Spielen war mir Mitta viel ähnlicher als die weißen Kinder. Als sie ihre erste Furcht vor den Hunden überwunden hatte, brüstete sie sich gern damit, und wenn sie meinte, sie seien ungezogen, schimpfte sie heftig mit ihnen oder maßregelte sie, was mir weniger gefiel. Besonders gern legte sie Ajax die Arme um den Hals oder kletterte auf seinen Rücken. Er knurrte dann nur ganz wenig und sah mich dabei äußerst gelangweilt und gepeinigt an. Algy ließ sich alles gefallen. Benny hielt sich meist von ihr fern. Aber das war ihr gleich, denn Benny war für sie nur ein gewöhnlicher Hund, während Ajax und Algy etwas Besonderes waren.

Eines Tages trieb sie die Sache wohl etwas zu weit. Ich war ins Haus gegangen, um irgend etwas zu holen. Da hörte ich ängstliche Rufe aus dem Garten: »Mitta hat Algy totgemacht. Mitta hat Algy totgemacht!«

Ich rannte hinaus und fand Mitta auf dem Rasen. Sie hatte eine lange Peitsche in der Hand und jammerte, sie habe Algy getötet; aber der war nirgends zu sehen. In meiner Angst schüttelte ich sie heftig. Ich erfuhr, daß sie Algy mit der Peitsche getroffen hatte und er winselnd davongerannt war. Ich rief Algy, der alsbald ängstlich hinter einem Baum hervorkam.

Ich schimpfte Mitta heftig aus und sagte: »Das darfst du nie wieder tun, doch getötet hast du ihn Gott sei Dank nicht.«

Von Hygiene hielt Mitta nicht allzuviel, obwohl sie allabendlich vor dem Feuer in der Küche ein Bad nahm. Das tat sie sehr gern. Wenn aber meine Mutter ihr das Gesicht oder den Kopf waschen wollte, jammerte sie: »Nein, nein, Missie! Seife beißt Augen!«

Sie sträubte sich mit Händen und Füßen wie eine kleine Wildkatze. Schließlich zog sie stolz eins meiner Nachthemden an und aß mit mir zu Abend. Wenn es aber ans Schlafen ging, war sie um keinen Preis in das Feldbett zu bringen, das meine Mutter auf der Veranda für sie aufgestellt hatte. Auch das hübsche Nachthemd behielt sie nicht an. Sie rollte es zusammen, nahm das Kissen vom Bett und legte es darunter. Dann streckte sie sich ganz nackt auf dem Fußboden aus oder rollte sich zusammen wie ein kleines Tier und fiel alsbald in tiefen Schlaf.

Ich liebte den Busch und war mit ihm recht vertraut, aber längst nicht so wie Mitta, von der ich noch viel lernen konnte. Einmal beim Haarewaschen fand meine Mutter ein paar Haarnadeln auf Mittas Kopf. Sie wollte durchaus nicht sagen, was sie mit ihnen vorhatte, und meine Mutter mußte sie ihr schließlich überlassen. Am nächsten Tag tat Mitta sehr geheimnisvoll. Wir gingen ans Flußufer. Dort suchte sie eine alte Eiche und begann die Rinde abzureißen. Endlich schien sie gefunden zu haben, was sie suchte. Sie nahm eine Haarnadel von ihrem Kopf und bohrte sie in das weiche Holz unter der Rinde. Nach kurzer Zeit wies sie triumphierend eine fette weiße Larve vor. Mit einem Ausruf des Entzükkens machte sie sich weiter an die Arbeit und drückte auch mir eine Haarnadel in die Hand. Aber ich hatte nicht die geringste Lust, nach Larven zu bohren, und sah ihr nur zu.

Als sie vier oder fünf hatte, suchte sie sich ein Stückchen trockenes Hartholz und ein anderes spitzes Holz und rieb sie aneinander, wie es nur die Aborigines verstehen. Es schienen mir nur Sekunden, da kam schon unter dem Reiben und Drehen des spitzen Holzes ein Funke hervor. Mitta schürte sorgfältig und hatte bald ein kleines Feuer angemacht. Dann nahm sie die Larven und röstete sie über dem Feuer. Sie bot mir meinen Anteil an ihrer Mahlzeit an, war jedoch sehr zufrieden, als ich ablehnte. Mitta verspeiste die Dinger mit allen Anzeichen größten Behagens. Für mich aber war das eine Unterrichtsstunde vom Leben im Busch, die ich nie und nimmer wiederholen wollte.

Eine unendliche Quelle geheimnisvollen Vergnügens für Mitta war unser Grammophon. Wenn wir es spielen ließen, wurde sie nie müde, mit aller Gründlichkeit dahinter und im Innern zu forschen, woher die Stimme käme. Es war eins jener uralten Grammophone mit einem riesigen Blechtrichter, der so groß war wie Mitta selbst. Eines Nachts, als der Himmel sich aufgeklärt hatte und der Vollmond schien, hörte ich unheimliche Laute aus dem Garten. Ich sprang aus dem Bett, die

Hunde wachten auf, und auch meine Eltern wollten sehen, was los sei. Ich war noch halb im Schlaf und hatte gar nicht gemerkt, daß Mitta nicht da war. Wir traten ans Fenster und sahen in den Mondschein hinaus. Mitta tanzte auf dem Rasen. Sie hielt sich den riesigen Grammophontrichter vor den Mund und sang und brüllte ihre schwermütigen Stammesweisen hinein. Dabei stampfte und tanzte sie begeistert über die Wiese.

»Laß sie«, sagte meine Mutter. »Sie wird schon müde werden. Es macht ihr doch soviel Freude.«

Also gingen wir alle wieder zu Bett. Nach einer Weile wurde es still. Mitta lag an ihrem gewohnten Schlafplatz, den Grammophontrichter in den Armen, und schlief tief und fest bis zum Morgen.

Durch Mitta lernte ich einige Mythen der Aborigines aus dem Norden kennen. Den Stämmen bei uns im Süden, die sich der Lebensweise der Weißen angepaßt hatten, bedeuteten diese Mythen nichts mehr. Eines Tages, als ein Regenbogen am Himmel stand, rannte sie zu einer Stelle, wo ihrer Meinung nach der Regenbogen die Erde berührte, und begann heftig zu graben. Ich wußte nicht, was das sollte, grub aber eifrig mit, bis wir beide ganz erschöpft waren. Als wir nun keuchend dastanden, schien sie sehr enttäuscht. Ich fragte, was sie denn eigentlich in dem tiefen Loch gesucht habe.

Und sie sagte: »Kleine Regenbogenkinder.«

Natürlich war auch ich traurig, daß wir kein Regenbogenkind gefunden hatten, und fragte mich oft, wie es wohl ausgesehen haben mochte. Als ich dann älter war, las ich, daß einige nördliche Eingeborenenstämme glauben, Hagelkörner seien die Eier des Regenbogens. Wenn sie im Erdboden schmelzen, sollen Regenbogenbabys ausschlüpfen. Das sind dann jene kleinen Würmer mit leuchtenden farbigen Streifen, die im feuchten Erdboden leben. Danach fand ich unsere südlichen Regenbogen und unsere südliche Erde nicht mehr halb so interessant wie die im Norden.

Meine Mutter besaß eine jener Schneiderpuppen, die aussehen wie Drahtkäfige. Dieses Ding interessierte Mitta sehr. Sie war offenbar fest davon überzeugt, daß es lebendig sei, wie auch Flo für sie lebendig war, wenn ich sie aufzog, was Mitta niemals selbst tat. Die Schneiderpuppe sah in der Tat wie ein halber Mensch aus, denn ich hatte den Kopf einer großen Puppe auf dem Drahtgestell befestigt und den Körper mit einer alten Bluse bekleidet. Immer wieder schaute Mitta unter dieser Bluse nach und bohrte ihren kleinen Finger in das hohle Drahtgestell, wobei sie jedesmal sehr enttäuscht und bekümmert aussah. Diese Schneiderpuppe stand immer auf einem Nähtisch. Eines Tages wollte meine Mutter sie benutzen und hob sie von dem Tisch. Da fiel eine merkwürdige Sammlung aller möglichen Speisereste heraus. Mitta hatte in dem Glauben, das arme hohle Ding müsse Hunger haben, ihm immer wieder Nahrung zugesteckt und zwischen die Drähte geschoben.

Meine ganze Liebe gewann sich Mitta, als sie eines Tages Ben vor einer schwarzen Schlange rettete. Wegen dieser giftigen Schlangen war ich in ständiger Angst um die Hunde. Ich versuchte ihnen beizubringen, nie an eine Schlange heranzugehen, aber sie waren so daran gewöhnt, mich mit Kaa spielen zu sehen, meiner alten zahmen Schlange, daß sie alle anderen Schlangen für ebenso harmlos hielten. Eines Tages gingen Mitta und ich am Ufer spazieren, als direkt vor uns eine kleine schwarze Schlange aus dem Wasser kam. Diese Schlangen sind gute Schwimmer und schon im Wasser gefährlich, aber noch schneller und gefährlicher sind sie auf dem Land. Bei stürmischem Wetter, wenn der Fluß Schlamm und Grünzeug emporwirbelt, findet man oft diese schwarzen Schlangen in dicke Schilfbündel verwickelt, aus denen sie sich nicht lösen können. Man kann sie mit dem Ruder herausheben und aus ihrer Lage befreien. Sie sind auf dem Rücken schiefergrau. Die männlichen Schlangen sind unterhalb leuchtendrot, während die Weibchen unterwärts von einem helleren Schiefergrau sind als auf dem Rücken.

Als wir die Schlange erblickten, rief ich die Hunde zu mir, aber Ben hörte nicht und lief gerade auf die Schlange zu. Ich hielt Ajax und Algy fest und rief verzweifelt nach Ben. Mitta aber war schneller. Gewandt wie ein Aal warf sie sich auf den Schwanz der Schlange, die gerade aus dem Wasser kam, und zog sie von Bens Nase zurück. Sie packte die Schlange und brach ihr den Hals, wie man einen Stock durchbricht. Auf diese Weise töten die Aborigines Schlangen. Dann knotete Mitta sich das tote Tier um den Hals. Offenbar hielt sie das für einen besonders schönen Schmuck.

Als ich ihr danken wollte, schien sie gar nicht zu wissen, wovon die Rede war. Sie sagte nur gutmütig: »Ein frecher Bursche von Schlange, Missie«, und ging ruhig weiter. Kaa nannte sie nie einen »frechen Burschen«. Ich schloß daraus, daß sie diesen Ausdruck wohl nur auf Giftschlangen anwandte.

Wir alle hatten Mitta ins Herz geschlossen. Ich war sehr traurig, als der Fluß sank und mein Vater einen Mann am anderen Ufer stromaufwärts schickte, um Mittas Familie zu suchen. Er fand sie in einer hölzernen Hütte, deren Wände mit dem Blech von Kanistern beschlagen waren. Die ganze Familie kam auf unsere Farm, um die verschwundene Tochter in Empfang zu nehmen. Offenbar hatten sie sich nicht die geringste Sorge um Mitta gemacht. Sie war ein echtes Buschkind, und niemand von der Familie war je auf den Gedanken gekommen, daß ihr etwas zustoßen könnte.

Wir veranstalteten ein Festmahl mit viel Fleisch und klebrigen Süßigkeiten. Alle Kinder bekamen Spielzeug. Ich dachte daran, wie Mitta Benny gerettet hatte, und ließ sie von meinen Spielsachen nehmen, was sie haben wollte. Sie war nicht sehr wählerisch. Mit Ausnahme von Flo waren die Puppen, die sie sich aussuchte, nicht meine Lieblingskinder. Schließlich zog die ganze Familie ab, beladen mit Fleisch und Konserven. Aber erst einige Monate später zogen sie weiter heimwärts in ihren Busch. Bis dahin war Mitta mehr bei uns als zu Hause, obwohl jeder ihrer Besuche bedeutete, daß sie ein Bad nehmen mußte mit Seife, die »die Augen beißt«.

Ajax fängt einen Pferdedieb

Bald nachdem Mitta uns verlassen hatte, fand meine Mutter eine Lehrerin für mich. Sie hieß Miss Brown und war Engländerin. Ich nannte sie Brownie. Sie meinte es sehr gut mit mir und liebte meine Hunde fast ebensosehr wie ich. Die Unterrichtsstunden wurden nicht allzu ernst genommen; sie dauerten nur von neun bis zwölf. Da es außerdem viel Ferien gab, gewöhnte ich mich leicht an das neue Leben und fand es sehr schön. In dieser Zeit ereignete sich die aufregende Geschichte mit dem Pferdedieb.

Im australischen Busch gibt es eine Sorte von Männern, die »Swaggies« genannt werden. Sie trampen durch das Land und nehmen nur Arbeit an, wenn sie gerade Geld brauchen. Auf jeder Farm, die sie auf ihrer Wanderung berühren, werden sie mit Nahrungsmitteln versorgt, und zwar mit beträchtlichen Mengen Tee, Zucker, Mehl und Fleisch. Dieser Brauch stammt noch aus den ersten Pioniertagen in Australien, als die wenigen Besitzungen über Hunderte von Meilen verstreut lagen. Es gab kaum Verkehr und noch weniger Wasser, so daß diese Swaggies oft vor Hunger oder Durst starben.

Auch auf Gunyan sprachen viele Swaggies vor, nahmen ihre Rationen entgegen, schwätzten mit diesem und jenem und wanderten dann zur nächsten Siedlung weiter. Es waren im allgemeinen keine schlimmen Burschen, nur ruhelose Männer, die ihre Wanderlust umhertrieb. Aber natürlich war hin und wieder ein Bösewicht darunter, der sein Essen in Empfang nahm und dann obendrein das Hühnerhaus plünderte. Ich erinnere mich nur an einen wirklichen Verbrecher, doch er kam mit seiner Beute nicht weit. Das hatten wir in erster Linie Ajax zu verdanken. Aber auch Mittas Vater, der Billy hieß und eine außerordentliche Spürnase hatte, bewährte sich dabei glänzend.

Ein Lieblingssport meines Vaters war Querfeldeinrennen. Dafür wurden die besten Vollblüter genommen und nur von Amateuren geritten. Jedes Jahr veranstalteten wir ein solches zweitägiges Rennen und einen Tag mit Polo, Tennis und Tanz. Dann war immer das ganze Haus voller Gäste. Ich erinnere mich, daß wir manchmal vierzig Leute bei uns beherbergten. Wertvolle Preise waren ausgesetzt und spornten die Wettkämpfer an. Ein großer Teil der Schmuckstücke meiner Mutter stammte daher. Es waren Preise, welche die Pferde meines Vaters für sie gewonnen hatten.

Die Pferde wurden erst bei Rennen eingesetzt, wenn sie zwei Jahre alt waren. Damals besaß mein Vater eine erfolgreiche Schimmelstute mit Namen Frasca. Wir waren sehr stolz auf sie. Frasca sollte gerade zu ihrem zweiten Rennen starten, das in wenigen Wochen bevorstand, als sich etwas sehr Aufregendes ereignete. Eines Abends kam ich mit den Hunden vom Fluß zurück.

Mein großer Freund Jack unterhielt sich mit einem Fremden, einem Swaggie, und so ging ich hin, weil ich diesen Männern gern bei ihren Erzählungen zuhörte.

Ich sagte guten Abend. Der Mann murmelte etwas und sah mich nicht gerade freundlich an. Sein Gesicht und seine Stimme waren mir nicht angenehm. Ich wollte schon weggehen, als Ajax auf den Mann zutrat und tief in seiner Brust ein leises Knurren hören ließ. Damit hatte er schon oft Leute, die ihn nicht näher kannten, in Furcht versetzt.

Ich verwies Ajax sein Knurren und sagte zu dem Mann: »Ajax tut Ihnen nichts, er knurrt nur immer so. Komm mit, Ajax!«

Der Mann warf Ajax einen boshaften Blick zu und sagte: »Der wird mir ganz bestimmt nichts tun.«

Dann trat er, ehe ich noch etwas sagen konnte, blitzschnell zu und versetzte Ajax einen schmerzhaften Tritt in die Rippen. Ich war so verblüfft, daß ich eine Sekunde lang erstarrte, ehe die Wut in mir aufstieg. Auch Ajax war völlig überrascht. In seinem ganzen Leben hatte das noch niemand gewagt. Er zögerte einen Augenblick. Dann entblößte er seine Zähne und machte sein fürchterliches Kämpfergesicht. Er sprang direkt auf den Mann, der unter dem Gewicht des Hundes auf den Rücken fiel. Ich sah seine Zähne an der Kehle des Mannes und sah dessen entsetzten Gesichtsausdruck. Dann legte ich den Arm um Ajax' Nacken und zog ihn mit Jacks Hilfe weg.

Unter lautem Fluchen kam der Mann wieder auf die

Beine. Ajax' Zähne hatten ihn nur eben gepackt, aber nicht einmal die Haut geritzt. Jack sagte ihm, er solle den Mund halten, er habe sich das selbst eingebrockt und könne nur von Glück sagen, daß Ajax ihn nicht totgebissen habe.

Ich hielt Ajax fest. Dabei zitterte ich und war vor Wut ganz außer mir. »Machen Sie, daß Sie fortkommen! Nehmen Sie Ihr Essen und gehen Sie. Wie können Sie meinen Ajax berühren. Verschwinden Sie, oder ich hetze ihn auf Sie!«

Der Mann sah aus, als hätte er uns am liebsten alle umgebracht. Aber er war tödlich erschrocken und fürchtete wohl, ich könne Ajax nicht halten oder würde ihn loslassen.

Jack sagte: »Komm, ich werde dir deine Ration geben. Dann geh und laß dich nicht wieder blicken.«

Sie gingen in den Lagerschuppen. Ich war entsetzlich aufgeregt und untersuchte Ajax sorgfältig. Es war ein harter Tritt gewesen, aber Ajax war so kräftig gebaut, daß er keine Rippe gebrochen hatte. Ich konnte nur seinen großen Kopf halten und ihm ins Ohr sagen, wie leid es mir tat. Meine Mutter hatte oft mit mir über Ajax gesprochen. Er sei so groß und stark, hatte sie gesagt, und habe den ganzen Instinkt seiner wilden Rasse in sich. Ich solle aufpassen, daß er nie in seinem Leben etwas anderes als Liebe und Freundlichkeit erführe. Bis dahin war mir das auch gelungen, und der Gedanke an diesen hinterhältigen Tritt war mir ganz unerträglich.

Am nächsten Morgen war der Mann fort – aber auch Frasca, die wundervolle Stute meines Vaters, war verschwunden.

Tierdiebstahl galt bei uns als ein schweres Verbrechen. Außerdem hingen wir alle sehr an Frasca; sie war ein wertvolles Vollblut und eines der besten Pferde meines Vaters. So wurde denn Jack stromauf geschickt, um Mittas Vater zu suchen. Die Aborigines haben einen fabelhaften Spürsinn und sind darin den Weißen weit überlegen. Sie können noch eine Spur verfolgen, von der wir nicht einmal das geringste Anzeichen wahrnehmen.

Bald kam Jack mit Billy zurück, und wir gingen alle zusammen zu dem verlassenen Stall, in dem Frasca gestanden hatte. Der Dieb konnte in dieser einen Nacht gut siebzig bis achtzig Kilometer weit gekommen sein. Ich wollte gerne dabeisein, wenn Billy die Spur verfolgte, und mein Vater erlaubte mir, wenigstens ein Stück mitzureiten.

Bei den Pferdeställen wurde Ajax sehr unruhig, rannte hierhin und dahin und ließ sein tiefes Knurren hören. Ich dachte, er würde uns bei der Verfolgung mehr schaden als nützen, aber Billy sagte, ich solle ihn mitkommen lassen. Oft hatten mein Bruder und ich mit Ajax Verstecken gespielt, aber jedesmal spürte er uns ganz schnell auf und pflegte mich dann mißbilligend anzusehen, als wolle er sagen: »Solche albernen Scherze könnt ihr mit mir nicht machen.«

Billy jedenfalls glaubte, Ajax könne ihm vielleicht

nützlich sein. Auf Spurensuche ging er immer zu Fuß; wie alle Aborigines konnte er, ohne zu ermüden, achtzig bis hundert Kilometer hintereinander gehen. Er war schlank und drahtig und hatte das typische Aussehen der australischen Ureinwohner mit einer flachen Nase und glatt herabfallendem Haar. Er trug ein paar verschlissene Hosen; seine schwieligen Füße mit den gespreizten Zehen waren nackt.

Algy und Ben waren sehr bekümmert, als ich sie zu Hause ließ; aber ich wußte ja nicht, wie weit unsere Wanderung gehen würde. Wir sattelten die Pferde und folgten Billy. Ajax schien mich ganz vergessen zu haben. Schnüffelnd verfolgte er die Spur mit großer Zielstrebigkeit. Er schien zu wissen, daß es um den Mann ging, der ihm am Abend zuvor den Tritt versetzt hatte. Ich machte mir Sorgen, was Ajax tun würde, wenn er den Mann fand, aber mein Vater meinte: »Laß den Hund nur, wir werden schon mit ihm Schritt halten.«

So galoppierten wir weiter, bis wir Billy fanden, der am Flußufer stand und nicht recht weiter wußte. Ein Wasserlauf macht auch den erfahrensten Pfadfinder ratlos – jedenfalls eine Zeitlang. Unser Mann konnte den Fluß überquert haben, konnte aber auch in der einen oder anderen Richtung am Ufer entlanggeritten sein.

Dann hörten wir irgendwo oberhalb Ajax' tiefe Stimme. Billy rannte zu der Stelle, und wir folgten ihm. Ajax stand in einer flachen steinigen Furt und bellte. Sogar Billy konnte hier keine Spur mehr entdecken, aber Ajax schien seiner Sache so sicher zu sein, daß wir ihm die Führung überließen.

Und dann begann ein stundenlanges Versteckspiel. Schließlich fanden wir heraus, daß der Mann, offenbar um uns zu täuschen, auf derselben Spur in Richtung Farm zurückgeritten war. Er hatte aber nicht mit Billys und Ajax' Scharfsinn gerechnet. Wir waren etwa acht Kilometer vom Hause entfernt, als uns die Spur zu einem Gewirr von Felsen führte, das allgemein die Mooroobie-Höhle genannt wird. *Mooroobie* ist ein Wort der Sprache der Ureinwohner und bezeichnet eine giftige Natter, ein träges, aber sehr gefährliches Tier, das in felsigen Gegenden lebt. Wir hatten hier schon oft Picknick gehalten, aber es gab hier ebensowenig Nattern wie anderswo.

Die Mooroobie-Felsen unterschieden sich von anderen Bodenerhebungen durch einen steilen Abhang mit gewaltigen, rechteckigen Steinplatten, nicht unähnlich den vorgeschichtlichen Steinen auf der heidnischen Kultstätte von Stonehenge in England. Diese Steine waren so übereinandergefallen, daß sie eine Höhle bildeten. Davor war ein kleiner Felswall, der den Eingang der Höhle verbarg.

Ich war schon müde, und mein Vater wollte mich nach Hause schicken, aber ich wollte um keinen Preis Ajax allein lassen. Niemand rechnete damit, daß wir noch an diesem Tag den Dieb finden würden, und so ließ mich mein Vater dableiben. Als wir aber unter einer Baumgruppe hielten, sahen wir eine dünne Rauchsäule von der Spitze der Felsen aufsteigen. Das konnte nur der Dieb sein. Ich stieg vom Pferd, während mein Vater, Billy, Jack und einer der Farmknechte miteinander Rat hielten. Von der gestohlenen Stute war nichts zu sehen. Der Dieb mußte sie irgendwo zwischen den Felsen versteckt haben.

Alle Männer hatten Gewehre dabei. Mein Vater nahm sein Gewehr in die Hand, trat unter den Bäumen hervor und rief zu den Felsen hinauf: »Hallo! Komm heraus, ich will mit dir reden!«

Es kam keine Antwort. Mein Vater rief noch einmal. Als wieder alles still blieb, zielte er auf die Felsspitze. Die Kugel prallte an dem Stein ab und sauste pfeifend ins Weite. Das genügte. Hinter den Felsen richtete sich ein Mann auf, und ein Gewehrlauf blitzte in der Sonne. Der Mann brüllte zurück, wenn wir ihn fangen wollten, müßten wir ihn schon holen kommen. Mein Vater ging weiter auf die Felsen zu. Da pfiff eine Kugel heran und wirbelte vor seinen Füßen die Erde auf. Ich schwankte zwischen der Besorgnis um meinen Vater und der Angst, was Ajax anstellen würde. Da berührte Jack meinen Arm und zeigte auf den Felsen hinauf, wo der Mann stand und zu meinem Vater hinabschrie.

Dort oben erblickte ich meinen Hund; aber es war nicht der Ajax, den ich kannte. Dies war ein wildes Jagdtier, das seinem Feind auf den Fersen war. Wie ein Schatten kroch er völlig lautlos von hinten an den Mann heran und hütete sich, lose Steine ins Rollen zu bringen. Dann sah ich, wie der mächtige Hundeleib mit unglaublicher Leichtigkeit auf die Felsplatte oberhalb des Höhleneingangs sprang. Er war jetzt über dem Mann und nur anderthalb Meter von ihm entfernt. Dort duckte sich Ajax einen Augenblick. Ich wußte, daß auch mein Vater ihn beobachtet hatte und den Mann absichtlich durch seine Rufe ablenkte.

Da sprang Ajax wie ein goldener Pfeil auf den Rücken des Mannes. Der stieß einen Angstschrei aus, das Gewehr polterte über die Felsen hinab, und Mann und Hund verschwanden hinter einem großen Stein. Eine beängstigende Stille trat ein. Jack versuchte, mich festzuhalten, aber ich riß mich los und lief so schnell ich konnte auf die Felsen zu, während mein Vater und die Männer mir folgten. Ich war voller Angst um Ajax. Wenn er den Mann umbrachte, war damit auch sein eigenes Schicksal besiegelt. In blindem Schrecken stolperte ich über die Felsen, doch weil ich klein und gewandt wie ein Affe war und jeden Felsen kannte, war ich als erste oben. Dort bot sich mir dasselbe Bild wie am Abend zuvor. Der Mann lag mit wütendem, angstvollem Gesicht auf dem Rücken, und mein treuer Hund stand über ihm und ließ sein unheildrohendes Grollen vernehmen. Seine Augen blitzten wild, und er fletschte die Zähne wie ein richtiger Wolf.

Gott sei Dank – der Mann lebte noch! Einen Augenblick stand ich da, selbst noch keuchend, und fürchtete mich, Ajax anzurufen, ehe die Männer kämen. Als sie dann mit ihren schußbereiten Gewehren erschienen, trat ich an Ajax heran und legte ihm die Hand auf den

Kopf. Immer noch knurrend zog er sich vom Körper des Mannes zurück, und wir sahen, daß der Dieb bis auf ein paar Hautabschürfungen unverletzt war.

Nachdem wir ihn gefesselt hatten, machte ich mich auf die Suche nach Frasca. Ich fand sie etwas oberhalb zwischen zwei Felsen angebunden. Ich führte sie hinter mir her und nahm auch Ajax mit. Den Pferdedieb überließ ich den Männern. Seine erste Strafe bestand darin, daß er, um den Leib gefesselt, die acht Kilometer nach Gunyan über rauhe und steinige Pfade neben den Pferden herlaufen mußte. Dann wurde er der Polizei übergeben.

Benny macht sich zum Mittelpunkt

Brownie, meine Lehrerin, hatte Benny zu ihrem besonderen Liebling erwählt, wahrscheinlich, weil er so klein war. Nachdem aber Ajax den Pferdedieb gefangen hatte, stieg er allgemein noch mehr in der Achtung, was ihn indessen nicht kümmerte. Benny war eifersüchtig und nicht eher zufrieden, bis er durch ein eigenes Abenteuer in den Mittelpunkt des allgemeinen Interesses rückte. Immer wollte er alles »den Großen« nachtun, und so ging er auch besonders gern mit, wenn ich zur »Musterung« in die Koppeln ritt.

Diese Musterungen gehören zur gewöhnlichen Arbeit auf einer Pferde- und Rinderfarm. Es bedeutet nichts weiter, als dreißig Kilometer weit über Land zu reiten und die Herde zusammenzutreiben. Das findet immer statt, wenn ein Viehkäufer auf die Farm kommt. Die Herde wird ausgesondert und in sogenannte Camps getrieben, flache Gehege, die im Halbkreis umgittert und auf einer Seite offen sind. Manchmal werden bis zu fünfhundert Tiere da hineingetrieben. Die Viehtreiber mit ihren Hunden hindern sie daran, an der offenen Seite zu entwischen. Der Käufer reitet in die Herde hinein und zeigt auf die Rinder, die er kaufen will. Ein Farmknecht sondert die erwählten Tiere aus. Sie werden aufs offene Feld getrieben, wo sie eine kleine Herde für sich bilden. Dann werden sie alle zusammen zu ihrem Bestimmungsort gebracht.

Dieses Aussondern ist ein großer Sport. Die Pferde schieben und stoßen die Rinder, drehen und wenden sie so lange, bis sie sie schließlich von der übrigen Herde getrennt haben. Mein dickes rotbraunes Pony Buck benahm sich inmitten der Herde recht gut. Doch manchmal wurde es wild, und die verstörten Rinder wirbelten gewaltigen Staub auf. Dann machte ihm die Sache keinen Spaß mehr. Wenn ich ihn trotzdem zwang dazubleiben, drehte Buck den Kopf und schnappte nach mir. Solange ich noch klein war und ohne Sattel ritt, war das für ihn sehr leicht; ich mußte dann auf seinem breiten Rücken umherrutschen, um mich außer Reichweite seines Gebisses zu halten.

Der gute alte Algy war zu dick und zu schwer, um mir auf langen Ritten folgen zu können. Ajax aber war unermüdlich, und Ben erhob ein gewaltiges Geschrei, wenn er zu Hause bleiben mußte. Das endete immer damit, daß er auf seinen kurzen Beinen hinter mir herrannte. Er hatte die Nase am Boden und über den Hufspuren wie ein Bluthund, der von einem Zauberer in ein kleines seidiges Hündchen verwandelt worden ist. So bekam denn der kleine Kerl meist seinen Willen. Wenn er müde war, mußte ich ihn auf den Sattel heben, wo er ein großes Gebell anstimmte, sobald ein Kaninchen in Sicht kam oder eine Beutelratte durch das Gras hoppelte.

Als ich für Buck zu groß wurde und meine schöne

haselnußbraune Stute Bella reiten durfte, gab es immer Schwierigkeiten, wenn Ben mir in den Sattel hinaufgereicht wurde. Doch bald gewöhnte auch sie sich an ihn, und Ben kam sich wie ein gewaltiger Reiter vor. Er hielt beim Sitzen seine Vorderpfoten auf dem Nacken der Stute, und sein kleiner Rumpf hockte auf dem flachen Sattelknauf. Seine kurzen Hinterbeine hingen zu beiden Seiten herab. Unnötig zu sagen, daß ich ihn die ganze Zeit mit der Hand festhalten mußte, was ihn nicht wenig ärgerte.

Ajax war an die langen Ausflüge durch das hohe Präriegras gewöhnt und konnte, wenn ihn irgend etwas besonders interessierte, wohl fünfzig Kilometer und weiter laufen. Wenn wir dann nach Hause kamen, warf er sich sofort hin und fiel in Schlaf. Ben jedoch, der die meiste Zeit geritten war, zeigte natürlich keine Müdigkeit, tat sich auf alle Weise hervor, rannte umher und spielte mit Algy, wobei er verächtliche Blicke auf den schlafenden Ajax warf.

Eines Tages ritten wir in der Abendkühle heimwärts. Ich war fast zu müde, um mich noch an dem abendlichen Geschrei der Kookaburras zu erfreuen. Das sind höchst seltsame Vögel mit großen buschigen Köpfen, einem schlanken Leib und keilförmigen Schwänzen. Sie geben Laute von sich, die wie ein Gelächter klingen, und veranstalten jeden Morgen und Abend ein gewaltiges Konzert. Es beginnt mit kleinen stoßenden Lauten und verstärkt sich dann zu ganzen Lachsalven. An diesem Abend waren sie überall zu hören. Ben, der noch sehr lebhaft war, erspähte ein Kaninchen. Er wand sich und strampelte, um hinunterzukommen. Ich dachte: Schön, mein Junge, wenn du noch so viel Energie hast, magst du gehen und hinter deinem Kaninchen herjagen. So ließ ich ihn also an meinem Bein entlang zu Boden springen, und weg war er.

Ich war schon ganz benommen vor Müdigkeit. Als ich mich schließlich nach Ben umblickte, war er nirgends zu sehen. Ich rief den Viehtreibern zu, die vor mir ritten, aber sie meinten, ich solle mich nicht beunruhigen. Unsere Pferde wären ohnehin schon müde und gingen nur im Schritt; Ben würde uns leicht einholen können. Als wir eine Weile geritten waren, ohne daß Ben auftauchte, konnte ich vor Unruhe nicht mehr weiter. Ich rief den Männern zu, sie sollten nicht auf mich warten. Ich würde noch einmal auf die Suche nach Ben reiten.

Wir waren nur wenige Kilometer vom Haus entfernt. Ich wandte mein ermüdetes und widerstrebendes Pferd, rief Ajax zu mir und ritt zurück. Alle paar Meter rief ich laut »Benny«. Aber Ben kam nicht zum Vorschein. Es wurde schon dunkel, denn in Australien gibt es keine Dämmerung. Die Dunkelheit fällt mit einemmal herab wie ein Vorhang. Auch der Mond schien nicht, und der sternengesprenkelte Nachthimmel gab nur wenig Licht.

Schließlich war nichts weiter zu tun, als nach Hause zu reiten. Ich machte mir große Sorgen und wollte mich sogleich noch einmal mit einer Lampe auf die Suche machen, denn ich fürchtete, daß Ben sich in einem Erdloch oder in einem hohlen Baum verklemmt hatte.

Mein Vater schickte mich jedoch ins Bett und sagte, wir würden bei Tagesanbruch alle zusammen nach Ben suchen. Der gute Algy rannte unruhig umher und schnüffelte in allen Ecken. Offenbar vermißte er Benny sehr. Der herzlose Ajax jedoch sank gleich in tiefen Schlaf. Ich dachte, ich würde kein Auge zutun können. Immer mußte ich denken, daß der kleine Bursche verängstigt und hungrig, vielleicht sogar verletzt, irgendwo steckte. Aber ich war so übermüdet, daß ich schnell einschlief.

Bei Tagesanbruch holte ich meinen Vater und Jack. Wir fingen die Pferde ein und sattelten sie. Da es nicht weit sein konnte, nahmen wir auch Algy mit, denn die Hunde hatten mehr Aussicht als wir, Ben aufzuspüren. Gleich nach dem Frühstück brachen wir auf.

Ich liebte Morgenritte durch den Busch. An diesem Morgen aber konnte mich nicht einmal die Sonne, die mit goldenen Strahlen über dem Horizont emporkam, von meiner Angst um Ben ablenken. Bald wurde es fürchterlich heiß; die flirrende Hitze drückte schwer auf den Kopf. Meine Stute biß auf ihrem Zaumzeug herum und beugte den Kopf nach ihrem eigenen Schatten. Aber ich war zu bekümmert, um darüber lachen zu können.

Algys wegen ritten wir sehr langsam. Bald verließen wir den staubigen Pfad, und die Pferde schritten vorsichtig über gefallene Äste und Kaninchenlöcher hinweg. Wir schwärmten aus und riefen immerzu nach Ben. Die Hunde rannten umher, schnüffelten und beschrieben große Kreise, aber auch sie hatten kein Glück. So suchten wir bis zum Nachmittag. Die Hitze war immer trockener und drückender geworden. In Australien kann es so heiß sein, daß man glaubt, sich beim Atmen zu verbrennen. Schließlich wandten wir uns traurig wieder heimwärts. Mein Vater und Jack versuchten, mich zu trösten, und meinten, auch jetzt noch sei es durchaus möglich, daß Ben plötzlich wieder zu Hause auftauche. Doch ich war nicht zu beruhigen.

Sogar Ajax schien bekümmert. Er hielt sich dicht bei mir. Das tat er immer, wenn er spürte, daß ich unglücklich war. Er knurrte nicht einmal, als der unglückliche Algy auf meinen Schoß zu klettern versuchte. Da hing er nun und fühlte sich wohl in seine Welpenzeit zurückversetzt. Ich schloß meine Arme um ihn und bemühte mich, seinen plumpen Körper auf meinen schmalen Knien zu halten. Das schien ihn zu trösten und tat mir ebenfalls wohl.

Auch dieser unglückliche Tag ging zu Ende. In der Abendkühle ritten wir noch einmal zu der Stelle, an der ich Ben zuletzt gesehen hatte. Dieses Mal nahmen wir den Wagen mit und ließen ihn auf dem Weg stehen, während wir langsam zwischen den Baumstümpfen und Löchern umhergingen, aber es nützte alles nichts.

Am folgenden Morgen stand ich vor Tagesanbruch auf, sattelte meine Stute, nahm die Hunde mit und begab mich von neuem auf die Suche. Ich ritt wohl einen

Kilometer an einer Hecke entlang, machte aber schließlich kehrt und beschloß, das ganze Gelände sorgfältig zu durchkämmen. Ich hatte eine Wasserflasche an meinem Sattel. Daraus gab ich den Hunden ein wenig zu trinken und hob den Rest für Ben auf – wenn wir ihn finden sollten. Ich führte Bella am Zügel und beschrieb große Bogen, rief nach Benny und untersuchte jedes Loch und jeden morschen Baumstamm am Wege.

Nach einigen Stunden war ich völlig erschöpft. Meine Füße schmerzten, und ich fühlte mich entmutigt und elend. Ich warf mich auf einen kleinen schattigen Fleck, vergrub das Gesicht im Gras und begann zu weinen. Da spürte ich, wie Algy mich beschnüffelte. Er leckte mein Ohr, schnaufte und grunzte, so daß ich dachte, er wolle mich trösten. Er fuhr jedoch damit fort, und plötzlich dämmerte es mir, daß das etwas anderes zu bedeuten hatte. Er lief ein paar Schritte weit weg und bellte. Ich richtete mich auf. Er blickte zu mir zurück, wobei er schnaufende Geräusche von sich gab, was er immer tat, wenn ich ihm folgen sollte. Also stand ich auf. Es schien, als ob er die Spur wieder verloren habe; er lief keuchend und pustend hierhin und dahin und blieb schließlich aufgeregt bellend stehen. Ich rannte zu ihm hin. Er hatte die Nase in das Loch eines Kaninchenbaus gesteckt, schnüffelte und begann zu buddeln.

Ich beugte mich nieder und rief: »Ben! Ben!«

Es kam keine Antwort, und ich rief noch einmal. Da glaubte ich ein leises Winseln zu vernehmen. Es war nur ein ganz zarter Laut, aber es war ein Laut. Jetzt war ich sicher! Ich stieß Algy beiseite und wühlte mit meinen Händen die Erde auf. Sie war ziemlich hart. Ich mußte mich sehr quälen und brach mir die Fingernägel ab. Ohne eine Schaufel konnte ich nicht weiterkommen. Ich stand auf und sah mich nach etwas um, womit ich die Stelle markieren könnte. Schließlich fand ich einen Stock; den steckte ich in die Erde und band mein Taschentuch oben daran. Ajax schnüffelte an dem Höhleneingang, aber ich wollte ihn nicht graben lassen, weil der Kaninchenbau womöglich aus sehr vielen Zellen bestand und Ben durch nachrutschende Erde verschüttet werden könnte – wenn Ben überhaupt darin war!

Was aber sollte ich mit Algy machen? Wenn ich ihn dalieẞ, würde er bestimmt zu graben anfangen, und wenn ich ihn mitnahm, könnten wir nur sehr langsam reiten. Schließlich mußte ich mich wohl oder übel entschließen, ihn zu demütigen, indem ich ihn mit meinem Steigbügelriemen an einem Baum festband. Ich kam mir dabei sehr roh vor, denn er war noch nie angebunden gewesen. Er blickte mich traurig an und wußte nicht, womit er diese Behandlung verdient hatte. Ich sprang in den Sattel und ritt ohne Steigbügel nach Hause. Ich ließ die Zügel locker, und meine Stute flog nur so dahin. Dennoch hielt Ajax mühelos den ganzen Weg mit ihr Schritt.

Als ich zu Hause angekommen war, nahm ein Stalljunge das Pferd. Jack brachte Schaufeln, und ich lief schnell in die Küche, wo ich eine Flasche mit Milch und eine Flasche mit Wasser füllte. Dann waren wir startbereit. Ajax und ich sprangen hinten auf den Wagen, Jack fuhr, und in kurzer Zeit waren wir an Ort und Stelle. Sogleich machte ich Algy los. Er trug es mir nicht nach, daß ich ihn angebunden hatte, und lief aufgeregt umher. Ich stürzte zu der Stelle, an der mein Taschentuch am Stock flatterte. Wieder beugte ich mich nieder und rief Ben. Aber diesmal kam keine Antwort. Ich befürchtete das Schlimmste.

Jack begann vorsichtig zu graben und folgte immer den Windungen des unterirdischen Baus. Aber der Boden war sehr hart, und der Hauptgang hatte viele Abzweigungen. Nachdem wir etwa eine halbe Stunde lang gegraben hatten, kamen wir an eine Stelle, die wie ein Erdsturz aussah. Vorsichtig entfernten wir die Erde mit der Hand – und da, hinter der lockeren Erde in einer kleinen Nische, war mein Ben. Es war nicht der lärmende Angeber, den wir kannten, sondern ein ängstlicher und scheuer kleiner Hund, der gestreichelt und getröstet werden wollte.

Er war sehr schwach. In dem unterirdischen Gang war nicht viel Luft gewesen. Algy war außer sich vor Freude; er beschnüffelte und leckte Benny unaufhörlich. Sogar Ajax überzeugte sich durch einen Blick, daß Ben wohlauf war. Ich trug meinen kleinen Hund zum Wagen und gab ihm etwas Milch und Wasser. Er hatte gewaltigen Durst. Dann tauchte ich mein Taschentuch ins Wasser und wischte ihm Staub und Erde aus den Augen und aus der Schnauze. Im Wagen setzte er sich sogleich auf meinen Schoß. Auf der Heimfahrt hielten wir noch einmal an, um ihm zu trinken zu geben.

Ich war so glücklich, Ben wiederzuhaben, daß ich kaum sprechen konnte. Was mußte der arme Benny an Hitze und Durst gelitten haben in diesem Gefängnis aus Erde, die von der Sonne fest zusammengebacken war. Eigentlich hätte ihm das eine Lehre sein sollen, nicht immer so siegesgewiß zu sein. Aber das konnte man von Benny nicht erwarten.

Als wir zu Hause ankamen, das heißt, kaum eine halbe Stunde, nachdem er vom Tode errettet worden war, versuchte er schon, sich auf meinem Schoß aufzurichten, und gab einen schwachen Abklang seines normalen wilden Gekläffs von sich. Alle auf der Farm kamen zu seinem Empfang ans Auto. Er war noch sehr schwach. Als ich ihn in sein Körbchen legte, fiel er sofort glückselig in einen tiefen Schlaf. Obwohl er über und über staubig und mit verkrusteter Erde bedeckt war, beschloß ich, mit dem Bad zu warten, bis seine Lebensgeister wieder erwacht waren. Dann würde er wieder nach dem Seifenschaum schnappen, mit mir schimpfen, davonrennen und sich naß und schlüpfrig wie ein Aal auf dem Rasen wälzen.

Benny als rettender Bote

Natürlich wurde Benny sehr verwöhnt, nachdem er beinahe für immer verloren gewesen wäre. Er verstand es auch den ganzen Sommer hindurch, die allgemeine Aufmerksamkeit auf sich zu lenken. Mein Bruder und ich hatten ihm nämlich ein neues Kunststück beigebracht. Er war ja ein kleiner Angeber und freute sich jedesmal, wenn er damit glänzen konnte. Wir banden ihm ein Zettelchen mit einer Botschaft um den Hals und befahlen ihm, damit zu diesem oder jenem, zu Jack oder meinem Vater, zu laufen. Sehr rasch lernte er, davonzuschießen und zu dem Empfänger der Botschaft hinzurennen, und kam sich dabei äußerst wichtig vor. Schließlich brachten wir ihn soweit, daß er auf seinen dicken kurzen Beinen wohl einen Kilometer weit lief und sein Briefchen ablieferte.

Der Sommer war sehr heiß. Das schlammige Wasser des Flusses lag still wie ein See und war so trübe und grau, daß sich nicht einmal die schlanken Stämme der Eukalyptusbäume in ihm spiegelten. In den Zweigen der Weiden am Ufer, die tief ins Wasser hingen, nisteten allerlei Wasservögel. Besonders gern beobachtete ich die kleinen schwarzen Wasserhühner, die auf ihren leuchtendroten Beinen über halbversunkene Baumstämme liefen oder am Ufer entlangschwammen, gefolgt von ihren wasserkundigen Küken, die wie kleine Wattebäusche aussahen. Ich hockte mich auf einen Baumstamm und betrachtete die Küken und auch die Wasserspinnen, die mir über die Finger liefen. Oder ich schaute in das flaschengrüne Wasser und beobachtete die geisterhaft durchsichtigen Süßwassergarnelen, die sich an untergetauchte Holzstückchen klammerten.

Eines Morgens ging ich mit den drei Hunden am Fluß entlang bis zu einem Kanal, der landeinwärts führte. Da sah ich eine mächtige kaffeebraune Kuh mitten in der heißesten Mittagssonne liegen. Es war Corabella, eine unserer wertvollsten Milchkühe. Sie regte sich nicht, wiegte nur den Kopf ein wenig hin und her und machte einen jämmerlichen und leidenden Eindruck.

Ich befahl den Hunden zurückzubleiben. Dann rief ich: »Hallo, Corabella!« und ging zu ihr hin. Ihre großen dunklen Augen blickten mich bekümmert an. Ich kauerte mich neben sie, rieb ihr die schokoladenbraune Stirn und sagte: »Was hast du denn, meine gute Alte?«

Weit und breit war kein Schatten. Die großen Eukalyptusbäume mit ihren spitzen graugrünen Blättern warfen nur einen ganz leichten, sonnengesprenkelten Schatten auf den glühendheißen Boden.

Irgend etwas stimmte nicht mit Corabella. Ich stand auf und ging um sie herum. Ihre milchkaffeefarbenen Flanken waren aufgetrieben; ihr mächtiger Leib zitterte und bebte. Als ich ihr Fell berührte, fühlte es sich von der Sonnenhitze so heiß an, daß es geradezu schmerzte.

Ich ging wieder zu ihrem Kopf, und da sah ich, daß ein Vorderbein verletzt war.

»O Cora, du Ärmste«, rief ich, kauerte mich nieder und strich ihr über das seidige Fell, um sie zu trösten. Ich riß meinen alten Strohhut ab, aber er war lächerlich klein und reichte nicht aus, der riesigen Kuh auch nur etwas Schatten zu geben. Speichel lief ihr aus dem Maul. Hin und wieder gab sie ein leises kummervolles Muh von sich. Ich setzte meinen Strohhut wieder auf und blickte mich nach einem Schutzdach für sie um. Selbst die Hunde litten schwer unter der Hitze und suchten ein kleines Fleckchen Schatten, um sich niederzulegen.

Ich wußte, daß Corabella entsetzlichen Durst litt. Also ging ich zum Fluß zurück und sah mich nach irgend etwas um, worin ich ihr Wasser bringen könnte, aber es war nichts da. Nahe beim Ufer hatte jemand einen rostigen alten Kanister liegenlassen, doch daraus konnte die Kuh mit ihrem großen Maul nicht trinken. Ich füllte meinen Hut mit Wasser, aber der war wie ein Sieb und ließ alles durch.

Da kam mir der Gedanke, Ben mit einer Nachricht zu Jack zu schicken. Ich riß einen Streifen von meinem Rock ab. Dann rührte ich aus Schlamm etwas »Tinte« an und malte mit zitternder Hand ein kaum leserliches »SOS« darauf. Mit einem zweiten Streifen band ich Benny die Botschaft um den Hals. Er strampelte vor Eifer, fortzukommen.

»Lauf zu Jack – zu Jack!« rief ich. Im nächsten Augenblick schoß er davon.

Nun zerbrach ich mir weiter den Kopf, wie ich Corabella etwas Wasser bringen könnte. Da stolperte ich über ein paar breite grüne Sauerampferblätter, die am Ufer wuchsen. Ich pflückte eine Handvoll dieser Blätter und flocht sie mit ihren Stielen in dem Strohhut fest. Dann fügte ich etwas Schlamm hinzu und dichtete alles so gut ab, wie ich konnte. Als ich den Hut mit Wasser füllte, leckte er immer noch, aber mit Hilfe des rostigen Kanisters konnte ich für Cora wohl einige Tropfen retten.

Ich stolperte das Ufer hoch, wobei ich keinen Augenblick die Augen von dem immer weniger werdenden Wasser in meinem Hut abwandte. Als ich zu Corabella hinkam, war er immerhin noch halb voll. Ich hielt ihn ihr vors Maul und strich ihr mit meiner feuchten Hand über die Nase, um ihr zu zeigen, daß dieses seltsame Gefäß Wasser enthielt. Sie streckte ihre lange Zunge hervor und trank in durstigen Zügen. Ich sprang wieder auf, um den Hut und den Kanister aufs neue zu füllen. Da sah ich, wie Algy zu Cora lief. Ich rief ihn zurück. Er gab ein merkwürdiges leises Winseln von sich, was mich stutzig machte. Jetzt erst sah ich zu meiner großen Überraschung, daß Cora sich herumgedreht hatte und daß neben ihr auf dem sonnenverbrannten Gras ein kleines feuchtes Etwas lag: ein neugeborenes Kälbchen!

Es schien mir wie ein Wunder. Ich kniete nieder und berührte das kleine Wesen ganz zart, während die hilflose Kuh sich vergeblich bemühte, mit dem schweren Leib näher an ihr Baby heranzukommen. Ich wußte, was sie wollte, legte meine Arme um den honigfarbenen Hals des Kälbchens und zog es zu seiner Mutter hin. Es bewegte ein wenig seinen schmalen Kopf, der mit seinen riesigen Ohren seltsam zwergenhaft aussah. Verwundert blickte es einen Augenblick aus seinen großen feuchten Augen in die Welt. Dann beugte es den Kopf herab und begann zu trinken.

Ich lief zum Fluß zurück und holte noch mehr Wasser. Als Cora genug getrunken hatte, kühlte ich ihr den Kopf. Da hörte ich auch schon Rufe in einiger Entfernung. Ich sprang auf und lief zum Ufer. Benny, der stolze Retter, kam in wildem Galopp durch die für ihn riesigen Gräser herbeigerannt, hinter ihm Jack. Benny sprang mir sogleich in die Arme, voller Begeisterung über sich selbst. Er japste und keuchte; die rote Zunge hing ihm wie ein Lappen aus dem Mund.

Jack rief: »Was sollte das SOS?«

»Cora hat sich verletzt. O Jack, ich bin so froh, daß du da bist!«

Jack ging zu Cora und rieb ihr die Ohren. »Na, Alte, zeig das Bein mal her.«

Die arme Cora muhte ängstlich. Mit einem Blick sah Jack, daß das Bein gebrochen war.

»Wir brauchen Hilfe. Wir müssen ihr ein Schutzdach bauen«, sagte er.

»Und das Kälbchen?«

»Dafür mußt du sorgen. Du kannst es mit der Flasche großziehen.«

»Ach, ich kann es doch Cora nicht wegnehmen!«

»Sie kann nicht viel für das Kalb tun«, sagte Jack besorgt. »Sie muß hier liegenbleiben, bis ihr Bein geheilt ist, und muß an Ort und Stelle gefüttert und getränkt werden.«

»Nun, dann werde ich eben für beide sorgen«, sagte ich.

Jack nahm sein großes Messer, schnitt ein paar gegabelte Äste ab und errichtete ein etwas wackeliges Sonnendach aus Zweigen über der Kuh und ihrem Kälbchen. Dann eilten wir nach Hause, um alles Nötige zu holen, damit wir Coras Bein kunstgerecht schienen konnten.

Ich durfte nicht mit den Männern mitfahren, aber Jack sagte, ich könne in einer Stunde nachkommen. Als ich dann anlangte, war Coras Bein schon gerichtet. Auch der Schuppen und das Dach waren fast fertig. Cora hatte einen großen Haufen Heu vor sich und auch Wasser in Reichweite. Sie bewegte jetzt nicht mehr schmerzvoll den Kopf hin und her und gab auch keine Klagelaute mehr von sich.

Wir stellten das Kälbchen auf seine zitternden Beine. Da stand es ein paar Augenblicke und sah uns mit seinen großen Augen an. Dann klappte es zusammen wie ein Spielzeug und kroch dicht neben seine Mutter. Ich wußte, daß Cora normalerweise das Kälbchen belecken und pflegen würde, bis es stark genug war, sich selbst auf die Beine zu stellen. Jack sagte, das müsse ich nun für Cora tun: das Kälbchen aufrichten und niederlegen und es jeden Tag mit Salzwasser abreiben.

Schließlich ließen wir die beiden wohlversorgt zurück. Algy, Ben und ich drängten uns mit den anderen ins Auto, während Ajax nebenherlief.

Mein Vater war nicht zu Hause. Er kam erst am nächsten Tag von einem Ritt zurück und eilte sogleich zu Cora. Ich war gerade mit ihrer Pflege beschäftigt.

Er legte mir die Hand auf die Schulter und sagte: »Das hast du gut gemacht. Ohne dich wäre Cora gestorben. Sie und ihr Kälbchen sollen von nun an dir gehören.«

Ich war vor Freude ganz erregt, aber ich dachte an Benny und sagte: »Und Benny? Er ist doch Coras Lebensretter.«

»Ihm können wir sie ja nicht gut schenken«, meinte mein Vater augenzwinkernd.

»Ich finde, wir sollten ihn loben und so richtig verwöhnen.«

»Ja, das wollen wir tun. Obwohl ich nicht recht weiß, wie wir ihn noch mehr verwöhnen sollen. Schließlich können wir ihm nicht das Taschengeld erhöhen.«

In dieser Nacht lag ich glücklich in meinem Bett und sah zum dunklen Nachthimmel empor, der sich samtschwarz über der Veranda wölbte. Immer mußte ich an meine herrliche Kuh und ihr Kälbchen denken. Von den Bäumen am Fluß drang das leise »ka ka kakaka« eines Opossums, dann der einsame, unendlich melancholische Ruf eines Dingos und dann der Laut, den ich am meisten von allen liebte: das Blöken einer Herde

116

von Jungtieren, die in ihrem Gehege eingesperrt sind und nach ihren Müttern draußen rufen. Dieses ewig steigende und fallende Rufen erfüllte nachts immer die Luft.

Doch da war noch ein Geräusch zu hören. Benny trabte zu den Stufen der Veranda. Ich sah seine Gestalt schwach gegen das Mondlicht. Er reckte seine kleine Nase hoch in die Luft und gab einen langgezogenen Ton von sich, die lächerliche Andeutung eines Wolfsrufes. Dann trottete er zurück und sprang aufs Fußende meines Bettes, wo er zu schlafen pflegte. Er war hochbefriedigt, denn er hatte es den großen Hunden mal gezeigt.

Algy und die Steinzeitmenschen

Während meiner ganzen Kindheit spukte in meinem Unterbewußtsein der entsetzliche Gedanke an den Tag, an dem ich von zu Hause fort und auf die Internatsschule müßte. Als Brownie zu uns kam und ich am Lernen Freude hatte, schwand diese Furcht ein wenig. Doch kurz nach dem Abenteuer mit Corabella und ihrem Kälbchen, die nun zu meiner Tierfamilie gehörten, belauschte ich einmal ein Gespräch zwischen Mutter, Vater und Brownie, das die alte Angst in mir wieder wachrief. Ich sollte auf die Schule kommen und meine geliebten Tiere zurücklassen. Meine Eltern machten sich Sorgen, weil ich keine Kinder als Spielgefährten hatte. Ich vermißte das überhaupt nicht. Sie aber glaubten, es sei nicht gut für mich, in dieser Einsamkeit aufzuwachsen, und erwogen, mich schon früher auf die Schule zu schicken, nicht erst mit fünfzehn Jahren, wie es bisher geplant gewesen war. Dabei dachten sie jedoch auch daran, daß mir die Trennung von meinen Tieren sehr nahegehen würde.

Ich hörte meinen Vater sagen: »Das Kind ist ja ganz vernarrt in sein neues Kälbchen.«

Meine Mutter meinte: »Ja, das stimmt. Ich mache mir Sorgen. Jedes neue Tier ist wieder ein Band mehr, das sie hier festhält und das zerrissen werden muß, wenn sie auf die Schule kommt. Das wird sehr schmerzlich für sie sein. Darum sollten wir sie zu ihrem eigenen Besten recht bald von hier fortbringen.«

Ich konnte das nicht länger mit anhören, pfiff meinen Hunden und wanderte mit ihnen durch den Busch, bis ich müde war. Als wir nach Hause kamen, ging ich stillschweigend schlafen. Ich mochte nicht zu Abend essen. Meine Mutter kam zu mir ans Bett und fragte besorgt, ob ich krank sei. Ich konnte ihr meinen Kummer jedoch nicht anvertrauen. Wie alle Buschleute hatte ich gelernt, meine Kümmernisse mit mir selbst abzumachen. Erst lange nachdem meine Mutter mich verlassen hatte, schlief ich endlich ein. In dieser Nacht aber ereignete sich etwas, das alle Schulpläne für viele Monate über den Haufen warf. Es war kein erfreuliches Ereignis, doch bescherte es uns allen neue und wunderbare Erlebnisse.

Als ich in den frühen Morgenstunden erwachte, standen die Hunde unruhig winselnd an meinem Bett. Dicker Rauch zog durch die Nachtluft. Man hörte ein Krachen und Bersten, Männer riefen, und die riesigen Eukalyptusbäume am Fluß waren von einem gewaltigen flammenden Lichtschein erhellt. Dann kam meine Mutter mit einem der Farmknechte herbeigelaufen, wickelte mich in eine Decke und trug mich, verschlafen wie ich war, über die Veranda aus dem Haus hinaus. Die Hunde liefen mit uns.

Ein Feuer war ausgebrochen. Das eine Ende des Schuppens brannte lichterloh, und die Küche war schon ein einziges Flammenmeer. Es ging ein starker Wind. Alles, was die Männer tun konnten, war, die übrigen Gebäude vor den Flammen zu retten.

Die Folge dieses Brandes war nach vielem Hin und Her der Entschluß meiner Eltern, mit mir für die nächsten Monate auf unsere andere Farm zu ziehen. Sie hieß Gulaggi und lag am Rande der großen australischen Wüste. Brownie wurde für diese Zeit in die Ferien geschickt.

Meine Mutter und ich waren noch nie in Gulaggi gewesen. Die Lebensverhältnisse dort waren sehr primitiv, und die Reise dorthin war schwierig. Doch schon immer hatten wir uns gewünscht, einmal hinzukommen. In jener Gegend gab es noch das echte urwüchsige Leben Australiens, und sie war das letzte Rückzugsgebiet eines Ureinwohnervolkes, der Myalls.

Meine Eltern beschlossen, die Fahrt im Lastauto zu machen und wie immer die Hunde mitzunehmen. Die Fahrt ging größtenteils durch wilde Buschlandschaft, wo man nur einer schmalen Spur folgen konnte. Straßen gab es nicht. Wir mußten eine Menge Ersatzteile für die Autos mitnehmen, Nahrungsmittel und Wasser, Moskitonetze und Gott weiß was noch, denn die Reise dauerte mehrere Wochen.

Endlich brachen wir auf. Alle paar Stunden ließen wir die Hunde nebenherlaufen. Sie konnten anfangs leicht mit dem langsam fahrenden Wagen Schritt halten. Als erster begann Algy, kurzatmiger zu werden und zu keuchen, und mußte hinaufgehoben werden, etwas später auch Benny und zuletzt der unermüdliche Ajax. Das letzte Stück der Fahrt ging am Rand der Wüste entlang. Dort ist die Luft ganz trocken und glühendheiß. Das strahlende Blau des Himmels tut den Augen weh. Rings um uns wuchsen die halbverdorrten Spinifex-Büsche, Mulgas, Mallees und Currajonbäume. Einmal fuhren wir kilometerweit über eine rote, teppichartige Fläche. Es zeigte sich, daß sie ganz mit der herrlich leuchtenden Steppenerbse bedeckt war. Hier begegneten wir auch der ersten Kamelkarawane. Es waren zwölf dieser merkwürdigen Tiere, die in trägem Gang dahinschwankten und von ihren afghanischen Treibern angetrieben wurden. Sie reckten ihre langen Hälse und brummelten vor sich hin.

Die Insekten und Moskitos waren sehr lästig. Zum Schutz gegen sie trug ich einen blauen Overall. Das brachte die Aborigines in Verwirrung, denn sie wußten nie, ob ich nun ein Mädchen in Hosen oder ein Junge mit langen Haaren sei.

Für Ajax und Benny war diese Reise recht demütigend, obwohl ihre Hundeseelen das wahrscheinlich gar nicht empfanden. Ajax, dieser königlich erhabene Hund mit seinem golden leuchtenden Fell, und Benny, der mickrige kleine Angeber, machten nämlich auf die Myalls gar keinen Eindruck. Einzig und allein Algy, der brave und etwas dumme Algy, imponierte ihnen. Die Myalls hatten noch nie eine Bulldogge gesehen, deshalb kam er ihnen wie ein Gott vor, und sie brachten ihm göttliche Ehren entgegen. Ajax war für sie ein Teufel und Benny, der sich selbst für den großartigsten Hund hielt, nicht einmal ein besonders lohnender Bissen. Dennoch hätte er wohl in einem Kochtopf ein klägliches Ende gefunden, wenn ich nicht scharf auf ihn aufgepaßt hätte. Wie wütend wäre er gewesen, wenn er gewußt hätte, weshalb die Myalls ihn so begehrlich ansahen.

Unser Haus in Gulaggi war sehr viel kleiner als das in Gunyan. Rings ums Haus lief eine Veranda, die durch Moskitonetze abgeschirmt war. Mittelaustralien ist ein merkwürdiges, ausgetrocknetes Landgebiet. Wo wirklich einmal ein Regenschauer niedergeht, findet man Flecken von saftigem grünem Gras, auch blühende Sträucher und Akazienbäume. Im übrigen aber sieht das Land eher wie eine Mondlandschaft aus, eine weit hingebreitete seltsame Landschaft in gedämpften Farben, trocken und dürr. Hier und da liegen kleine verborgene Wasserlöcher oder schimmern salzverkrustete Seen. Dann wieder gibt es endlose Prärien, aus denen sich plötzlich große Felsmassive erheben wie gewaltige Naturkathedralen mit gewölbten Dächern.

In diesem dürftigen und recht öden Lande lebten verstreut die Stämme der Myalls. Der Name kommt, glaube ich, von den dürftigen Büschen, unter denen sie Schatten und Schutz suchen. Die Myalls sind zähe, muskulöse dunkelhäutige Krieger, die mit selbstgefertigten Speeren jagen. Sie ziehen in dem unwegsamen Land umher, immer auf der Suche nach Nahrung, und essen alles, was sie fangen oder erlegen können: Baumeidechsen, Vögel, Prärieratten, Strauße und wilde

Kamele. Auch graben sie Yamswurzeln aus, die büschelweise in der harten Erde wachsen und wie süße Kartoffeln schmecken. So leben sie genau wie ihre Vorfahren, die Steinzeitmenschen, schon vor vielen tausend Jahren gelebt haben. Als Wasserquellen haben sie nur ihre »Soaks«, kleine verschlammte Wasserlöcher, die sie sorgfältig vor Fremden geheimhalten und deren Kenntnis seit undenklichen Zeiten nur innerhalb der einzelnen Stämme weitergegeben wird. Diese »Soaks« bedeuten für die Myalls das Leben an sich. Oft ziehen sie mehrere hundert Kilometer von einem Wasserloch zum nächsten, immer auf der Suche nach Nahrung.

Reisende hatten meinem Vater so oft von Ayers Rock im Süden des Landes erzählt, daß er dieses Wunder einmal mit eigenen Augen sehen wollte. Ayers Rock ist ein Felsen, der sich unmittelbar aus der Ebene zu einer Höhe von 300 Metern erhebt. Er ist etwa drei Kilometer lang und eineinhalb Kilometer breit. Meine Mutter wollte nicht mitkommen. Sie scheute die lange und mühsame Reise. Ich aber durfte mit und natürlich auch die Hunde.

Neben uns wohnte Jim, ein alter Buschmann, der seit vierzig Jahren hier ansässig war und die Sprache der Aborigines beherrschte. Er wollte uns begleiten. Ich hatte mich mit ihm angefreundet, denn er wußte eine Menge Interessantes von dem Leben in dieser Gegend zu erzählen. Er besaß eine Sammlung von Arbeiten der Aborigines: eins der hölzernen *pitchis*, die wie Kanus aussehen und in denen die Eingeborenen ihre Nahrungsmittel transportieren; Speere und *Wommeras*, Stöcke, mittels derer sie ihre Speere schleudern. Er hatte sogar ein Paar der seltenen *Kaditcha*-Schuhe, die nur von Medizinmännern getragen werden und als besonders heilig gelten. Sie sind aus Straußenfedern verfertigt, die mit Menschenblut aneinandergeklebt sind. Selbst die berühmten schwarzen Pfadfinder können aus den Fußspuren nicht erkennen, in welche Richtung ein Mann gegangen ist, wenn er diese Schuhe trägt. Die Aborigines behaupten, daß das Tragen dieser *Kaditcha*-Schuhe übernatürliche Fähigkeiten verleiht.

Ich war sehr froh, daß Jim unsere Expedition mitmachte. Er liebte meine Hunde, und sie hingen an ihm, was in meinen Augen bedeutete, daß er nie etwas Böses tun konnte. Gleich am ersten Tag unserer Reise hatten wir zwei Pannen, aber das waren ganz normale Unfälle. Die Hitze und die harten Dornen der Spinifex sind für Autoreifen nicht gerade das Richtige.

Oft schon sahen wir in der unendlichen kahlen Ebene einen *Willy-Willy* kreisen. Das ist eine Art von Wirbelwind, der wie eine dünne braune Rauchsäule aussieht, die sich über die Ebene fortbewegt. Wenn man nahe genug ist, erblickt man einen sich drehenden Kegel; sein Inneres ist ein einziger Wirbel, in dem sich Sand und alles andere, das der *Willy-Willy* auf seiner wilden Fahrt aufgegriffen hat, im Kreis dreht. Eines Tages frühstückten wir im Schatten unseres Autos, als sich ein solcher *Willy-Willy* vor uns erhob. Noch ehe wir ihm ausweichen konnten, waren wir mitten drin. Ben wurde mehrere Meter weit fortgewirbelt, und unsere Nahrungsmittel wurden mit Sand bedeckt. Wir hatten eine Stunde zu tun, um die weitverstreuten Gerätschaften wieder aufzusammeln und den Sand aus unseren Kleidern und aus Bens Fell zu entfernen. Benny war sehr ungehalten. Bestimmt dachte er, wir hätten ihm einen besonders boshaften Streich gespielt. Noch Tage danach knurrte und schimpfte er auf seine Weise über den Zwischenfall.

Hin und wieder sahen wir ein Dutzend Wüstenbewohner auf Hügelkuppen stehen oder zwischen den trockenen Präriegräsern hervorlugen. Hinter ihnen standen ihre *Lubras*; so nennen sie ihre Frauen. Sie hielten ihre winzigen *Piccaninnies*, die Kinder, auf dem Arm oder ihre Feuerstöcke in der Hand. Das sind lange gebogene Zweige, die an der Spitze zusammengebunden und mit leuchtendroten Samen einer Wüstenpflanze geschmückt sind. Die nackten Kinder lugten durch ihr schwarzes Haar, das wie eine zottelige Ponymähne rund um den Kopf hing und von braunen Samenkapseln, so groß wie Weintrauben, nach unten gezogen wurde.

Die Hunde waren immer rastlos und streunten umher, wenn Aborigines in der Nähe waren. Ich bemühte mich, sie bei mir zu halten, besonders Ben, denn Jim hatte mich gewarnt, daß die Eingeborenen ihn gerne aufessen würden. Manchmal sahen wir auch Kinder mit gewaltig aufgeschwollenen Bäuchen. Jimmy sagte, das komme daher, daß sie, ähnlich wie Kamele, an den Wasserlöchern so viel tranken, wie sie nur konnten, denn das Wasser mußte bis zum nächsten Wasserloch reichen.

Eines Tages fand ich Algy fast auf dem Kopf stehend, wie er es immer tat, wenn er etwas Winziges am Erdboden beschnüffelte. Bei näherem Hinsehen entdeckte ich, daß er eine dicke, beinlose Ameise betrachtete. Ich nahm sie auf einem Stück Holz hoch und zeigte sie Jim. Er sagte mir, es sei eine Parasitenameise. Diese haben die unfreundliche Gewohnheit, einigen ihrer Artgenossen die Beine abzubeißen. Dann stopfen sie die hilflosen Tiere mit Nahrung voll, bis sie ganz fett sind, und nähren sich während des harten Winters aus diesen lebenden Vorratskammern.

Später gruben Algy und Ben zu ihrer großen Freude auch »Honigameisen« aus. Sie waren von ihren Artgenossen mit Honig vollgestopft worden, ebenfalls als Vorratskammer für knappe Zeiten. Die Hunde fanden die dicken, hilflosen, mit Honig angefüllten Tiere sehr schmackhaft, aber ich wandte mich entrüstet ab.

Wieder einen Tag später sprach Jim mit einem Wüstenkrieger, den er kannte. Es war ein beeindruckender Mann mit einem Kopfputz aus Gräsern, durch den sein wirres Haar zusammengehalten wurde. In der Hand hielt er einen hölzernen Schild und einen langen Speer mit Widerhaken. Jim erfuhr, daß sein Stamm am Abend einen *Corraboree* haben werde, einen Mondscheintanz. Der geheiligte Platz für diese Tänze war nicht allzuweit von unserem Lager entfernt. Der Kriegerhäuptling gestattete uns zuzusehen, unter der Voraussetzung, daß wir uns ganz still verhielten und die Hunde zurückließen, und der »Boy« – das war ich – mußte ebenfalls mucksmäuschenstill sein. So schlossen wir denn, als der Mond aufging, unsere Hunde im Wagen ein und gingen leise zu einem kleinen Hügel, von dem aus man den Platz übersehen konnte, während wir selbst hinter Gras und Büschen verborgen waren. Schon von weitem hörten wir fremdartige Töne. Das Bild, das sich uns dann bot, war nicht minder fremdartig. Die Myalls, mit eingefetteten Körpern und mit gelben und weißen Bändern geschmückt, rasselten mit ihren Speeren und *Wommeras* und stampften mit den Füßen in einem wilden Rhythmus. Sie hatten sich Büschel von trockenem Gras in die Nasenlöcher gesteckt, die wie gewaltige Schnurrbärte wirkten. Um den Kopf trugen sie Bänder aus Fell und Gräsern, um ihr wirres Haar zurückzuhalten.

Ich sah gespannt zu. Frauen wurden auf dem heiligen Platz nicht geduldet. Sie hockten im Hintergrund, mit dem Rücken zu den tanzenden Kriegern, und kümmerten sich um ihre Kinder. Nach einer Weile wurde ich von den bemalten zitternden Leibern und dem hartnäckigen Stampfen wie hypnotisiert; ich weiß nur noch, daß Jim mich zum Auto zurücktrug.

»Du machst mir Spaß! Schläfst einfach ein, wenn du zu einer Gesellschaft mitgenommen wirst!« sagte er.

Ich ärgerte mich über mich selbst, denn ich wußte,

daß ich einen solchen Tanz wohl nie wieder sehen würde – und ich habe so etwas auch nie wieder gesehen.

Wir waren jetzt noch eine Tagesreise von Ayers Rock entfernt. Die Hunde liefen neben dem Wagen oder streunten umher. Da hörten wir plötzlich das tiefe Gebell von Ajax, das er nur sehr selten ausstieß. Mein Vater hielt sofort an. Wir gingen in die Richtung, aus der die Laute kamen. Ajax stand über einem Mann, einem Eingeborenen, der im dürren Gras auf dem Bauch lag. Jim drehte ihn herum. Es war ein alter Mann. Offenbar war er bewußtlos.

»Durst«, sagte Jim, steckte dem Mann einen Finger in den Mund und holte einen kleinen Stein heraus.

Die Aborigines tragen solche Steine im Mund, um den Durst besser ertragen zu können. Wir trugen den Alten zum Wagen zurück und gaben ihm etwas Wasser. Sogleich kam er zu sich. Jim erzählte ihm, daß Ajax ihn gefunden und gerettet hatte. Dank der großen Zähigkeit dieser Steinzeitmenschen erholte er sich schnell und war bald wieder ganz frisch. Offenbar hatte er einen Unfall gehabt. Sein Stamm, der sich auf der Wanderung zum nächsten Wasserloch befand, hatte ihn zurücklassen müssen.

Der alte Mann genoß das Essen und Trinken, das wir ihm vorsetzten, und zeigte sich auf seine Weise sehr dankbar. Wir legten ihm eine Matratze zum Schlafen hin, aber am nächsten Morgen war er spurlos verschwunden. Im ersten Sonnenstrahl erhob sich riesig vor uns Ayers Rock wie ein gewaltiger Thron aus purem

Gold. Kein Wunder, daß die Aborigines ihn für einen heiligen Tempel hielten! Sie kannten alle die weitläufigen Höhlen in seinem Innern, deren rote Wände ihre Vorfahren mit Zeichnungen von Fledermäusen, Vögeln und seltsamen Geistergestalten bemalt hatten.

Am Horizont stand eine schmale bläuliche Rauchsäule. Es war ein Rauchsignal. Die Eingeborenen benutzten, gleich den Indianern, verschiedenfarbigen Rauch von verschiedenen Pflanzen, um sich mit ihren Nachbarstämmen zu verständigen.

Wir mußten bei einem Wasserloch auf der einen Seite des Felsens kampieren. Auf den kümmerlichen Bäumen saßen dichtgedrängt kleine kreischende Papageien und eine Art von Tauben mit Federn vom zartesten Blau. Und dort stand auch neben dem Wasserloch ein Emu-Baby mit dreieckigem Gesicht und einer Art von braunem Jumper mit schwarzen Streifen. Es war nicht im geringsten ängstlich. Algy und ich wollten es sogleich adoptieren, doch Jim sagte, es wäre bei seiner Mutter besser aufgehoben, und da lief es auch schon davon.

Während wir wieder einmal einen Reifen wechseln mußten und die Männer daran arbeiteten, machte ich mich mit den Hunden zur Besteigung des Felsens auf. Es war entsetzlich heiß, aber ich kletterte immer weiter. Die Hunde stolperten keuchend neben mir her. Schließlich landeten wir in einer der großen kahlen Höhlen, die wie Bienenwaben den ganzen Felsen durchziehen. Ajax war mit einem Sprung in einer Öffnung im Hintergrund verschwunden. Plötzlich fühlte ich mich sehr verlassen und hatte Angst. Ich redete mir selbst gut zu. Es wäre doch zu dumm umzukehren, ohne die Höhle erforscht zu haben. Ben war noch bei mir, aber Algy war auch fort. Ich rief nach den beiden Hunden, doch nur das Echo kam zu mir zurück. Dann stieß Ben ein kurzes Bellen aus, sauste auf die Öffnung zu, durch die Ajax gelaufen war, und verschwand ebenfalls. Ich wartete eine Zeitlang, rief die Hunde und betrachtete die merkwürdigen Zeichnungen auf der Höhlenwand.

Schließlich konnte ich es nicht länger allein aushalten. Ich rannte in das dunkle Loch, in dem die Hunde verschwunden waren, und gelangte in einen düsteren Gang, dessen Boden mit Geröll bedeckt war. Vorsichtig tastete ich mich vorwärts. Plötzlich glitt ich auf den losen Steinen aus, rutschte und stürzte in die Tiefe. Ich fiel wohl fünf Meter oder noch mehr. Als die Rutschpartie zu Ende war, erhob ich mich mühsam – und erstarrte vor Schreck.

Ich befand mich in einer großen Höhle, deren rote Wände mit Malereien bedeckt waren. Sie stellten Menschen und Tiere dar, mit ein paar Strichen aus Ocker und Braun hingemalt. Da hörte ich Bens vertrautes Kläffen und wandte mich um.

In dem großen Höhlenraum standen schweigend wohl ein Dutzend hagere, wildblickende Krieger. Im Mittelpunkt des Kreises saß Algy schwer keuchend und blickte verwundert und verlegen drein. Um seinen Hals trug er eine Schlinge aus geflochtenen Gräsern. Vor ihm kauerte eine unheimliche Gestalt, in der ich sogleich den Medizinmann erkannte, denn er trug an der Seite einen jener kleinen ledernen Beutel, in denen die Medizinmänner ihre Heiligtümer aufbewahren: menschliche Knochensplitter, Haarsträhnen, vertrocknete Eidechsen und dergleichen. Vor dem Medizinmann lag Ben. Seine Beine waren mit Gras zusammengebunden. Die Zunge hing ihm aus dem Maul, und hin und wieder ließ er ein entrüstetes Kläffen hören. Rings um diese Gruppe war ein weißer Kreidekreis gezogen. Mir fiel ein, daß Jimmy mir erzählt hatte, Benny würde einen Leckerbissen für die Aborigines abgeben.

Algy versuchte, zu mir zu gelangen; er drehte und wand sich, aber die Grasschlinge wurde nur enger und gab nicht nach. Die Krieger bewegten sich überhaupt nicht, sondern standen völlig still; offenbar waren sie durch mein plötzliches Erscheinen verwirrt. Ich ging auf die Gruppe zu, aber zwei Krieger traten zwischen mich und die Hunde und blieben dann wieder unbeweglich stehen. In meiner Verzweiflung fiel mir nur noch eine letzte Rettung ein. »Ajax! Ajax!« rief ich laut.

Einen Augenblick war es ganz still, dann hörte man ein Getrappel. Ajax schoß aus einem Loch hinter den Kriegern hervor, sprang über Algy hinweg und landete neben mir. Er wandte sich den Männern zu, steil aufgerichtet, die Augen bedrohlich gerötet, und ließ aus seiner Brust sein tiefes leises Donnergrollen vernehmen.

Der Medizinmann zog sich ein wenig von Ben zurück, der noch mehr zappelte und laut kläffte. Algy saß ganz still und blickte sich hilfesuchend nach Ajax und mir um. Ich versuchte, meine Angst zu verbergen, legte eine Hand auf Ajax' Schulter und ließ ihn steifbeinig und drohend einen Schritt vorwärts machen. Da nichts geschah, machten wir noch einen zweiten Schritt vorwärts; ich hatte den Eindruck, die Krieger sähen nicht mehr ganz so selbstbewußt aus. Besonders der Medizinmann schien verwirrt zu sein. Er krabbelte in dem Dämmer umher und murmelte etwas vor sich hin. Wieder machten wir einen Schritt vorwärts. Da erschien in der Höhlenöffnung gegenüber eine andere schwarze Gestalt.

Irgendwie kam mir dieser Mann bekannt vor, aber ich wußte nicht, woher. Er trat näher, hockte sich in den Kreis, dem ersten Medizinmann gerade gegenüber, und legte seinen eigenen Lederbeutel neben sich. Offenbar wußte der erste Medizinmann nicht, wie er sich verhalten sollte. Die Krieger lösten sich aus ihrer beängstigenden Erstarrung, begannen umherzugehen und leise miteinander zu sprechen. Ben kläffte nicht mehr. Er winselte nur ein wenig, was mir fast das Herz brach. Aber ich wagte nicht, näher an ihn heranzugehen, da ich nicht wußte, was der neu hinzugekommene Mann im Sinn hatte.

Die Männer sprachen und riefen durcheinander. Endlich erhob der zweite Medizinmann ärgerlich seine Stimme. Der erste legte den Arm über die Augen und kroch rückwärts wie eine große schwarze Krabbe. Erst als er außerhalb des weißen Kreises war, sprang er auf die Füße und rannte durch die rückwärtige Höhlenöffnung hinaus.

Jetzt erhob sich der zweite Medizinmann und winkte mir. Ich war immer noch ängstlich, hütete mich aber, es zu zeigen, und trat mit Ajax wieder einen Schritt vorwärts. Da wußte ich auf einmal, wer er war. Es war der Mann, den wir vor zwei Tagen vom Tode errettet hatten. Ich sprach ihn an. Er lächelte und nickte. Die übrigen Krieger waren plötzlich im Hintergrund der dunklen Höhle verschwunden. Ich lief zu Algy und Ben, befreite sie und drückte sie glücklich und erleichtert an mich. Dann führte der alte Mann uns auf der anderen Seite aus der Höhle hinaus.

Als wir bei unserem Wagen angekommen waren, erzählte ich meinem Vater alles, was vorgefallen war. Der alte Medizinmann sprach unterdessen mit Jim.

Ich dankte ihm für unsere Rettung. Wir schenkten ihm einige Konservenbüchsen aus unserem Vorrat, doch das schien mir nicht genug für alles, was er für mich getan hatte. So streifte ich meinen goldenen Armreifen ab, den ich immer trug, und schenkte ihm den. Es war das Kostbarste, was ich besaß. Er schien darüber hocherfreut; ich wußte, der Armreifen würde bald ein wichtiger Talisman für den ganzen Stamm werden. Dann ging der Mann fort und verschwand hinter den großen Felsen.

Jim sagte mir, die Krieger, die ich in der Höhle gesehen hätte, seien uns auf unserer ganzen Wanderung gefolgt, wobei sie ihre eigenen Abkürzungswege benutzt hätten – und das nur, weil sie noch nie einen Hund wie Algy gesehen hatten. Wenn es ihnen möglich gewesen wäre, hätten sie ihn schon lange zuvor entführt, denn sie waren fest überzeugt, er müsse ein besonders mächtiger Gott sein. Vor Ajax aber fürchteten sie sich und hielten ihn für einen Dämon. Als sie den harmlosen und freundlichen Algy und den kleinen Ben in der Höhle gefangenhielten, hatten sie nicht damit gerechnet, daß ich plötzlich sozusagen von der Decke herabstürzen würde. Wäre ich nicht rechtzeitig gekommen, so hätten sie sicherlich den kleinen Ben dem plumpen Algy feierlich zum Opfer dargebracht. Aber ich erschien und rief den Dämon Ajax herbei. Dadurch hatte ich ihren Glauben an die Macht ihres Medizinmannes erschüttert.

Selbst dann hätte die Sache noch ein böses Ende nehmen können, wenn nicht der alte Mann, den wir vom Tode errettet hatten, hinzugekommen wäre. Da dieser Myall sowohl mit dem »großen Gott« Algy als auch mit dem »Dämon« Ajax, der ihm das Leben gerettet hatte, schon auf vertrautem Fuße stand, fühlte er sich in unserer Schuld. Diese Schuld hat er überreichlich abgetragen.

Wir graben eine Höhle

Nach unserer Rückkehr von Ayers Rock mußten wir noch zwei Monate in Gulaggi bleiben, bis auf Gunyan alles soweit wiederhergestellt war, daß wir rechtzeitig zu den langen Weihnachtsferien meines Bruders heimkommen konnten. Der Brand auf Gunyan beschäftigte immer noch die Gemüter und ließ alle anderen Fragen in den Hintergrund treten. So war vorläufig auch nicht mehr die Rede davon, daß ich auf eine Schule geschickt werden müßte. Dennoch hatte ich das unangenehme Gefühl, daß die Frage bald wieder erörtert werden würde. Vorerst waren wir jedoch wieder daheim in Gunyan, wo Brownie schon auf uns wartete. Kiko und Possy bereiteten mir einen aufgeregten und liebevollen Empfang, und über dem Spielen mit dem Känguruh Mathilde vergaß ich meinen Kummer. Und als mein Bruder heimkam, waren wir fast immer zusammen, ritten, spielten Tennis und gingen zum Fischen an den Fluß.

Eines Tages kam ich auf die Idee, in das Steilufer des Flusses, da, wo er den Bogen um unser Haus machte, eine Höhle zu graben. Mein Bruder packte alles, was er tat, auf gründliche Weise an. So gingen wir denn unverzüglich an die Arbeit. Von unserem Eifer angesteckt, begannen auch die Hunde zu buddeln – freilich nur ein paar Minuten lang, dann machte ihnen die Sache keinen

Spaß mehr. Benny lief uns andauernd zwischen die Beine und war mehr lästig als nützlich. Ajax aber schaffte mit seinen breiten Tatzen einen großen Haufen feuchter Erde beiseite, so daß wir uns ein wenig ausruhen und ihm bei der Arbeit zusehen konnten. Auch Algy hätte uns nützlich sein können. Doch er war immer so gefesselt von den Dingen, die er zutage förderte, den Holzbienen, Erdwürmern und anderen zappelnden Geschöpfen, daß er bald zu graben aufhörte und das Getier beschnüffelte. Dabei schnaufte und bellte er, wenn ihn etwas an der Nase kitzelte. Ich glaube, als Goldgräber hätte er es nicht weit gebracht.

Die Sache machte uns solchen Spaß, daß wir oft den ganzen Tag am Flußufer blieben, dort picknickten und im kühlen Wasser planschten, wenn es uns zu warm wurde. Auf die Frage, was wir da machten, sagten wir einfach: »Wir graben eine Höhle.« Niemand hatte etwas dagegen einzuwenden.

Wenn wir müde waren, krochen wir zum Wasser hinunter, setzten uns neben einen versunkenen Baumstamm und beobachteten die geisterhaft bleichen Garnelen mit ihren fadendünnen Beinen. Mit einigen Brettern, die wir uns von Jack hatten geben lassen, stützten wir die Seitenwände der Höhle ab und gingen dabei ganz kunstgerecht vor. Eines Tages kam mein Vater dazu, als wir gerade an einem kleinen Strand unterhalb der Höhle Tee tranken. Wir luden ihn ein, hinaufzuklettern und einen Blick in unsere Höhle zu werfen, aber er lachte nur und kam nicht mit. Offenbar dachte er, wir hätten ein winziges Loch in die Uferböschung gegraben. Mein Bruder und ich sahen uns an, sagten aber nichts. Wir beschlossen, unsere Eltern zu überraschen und sie in der Höhle zum Tee einzuladen, sobald sie groß genug war.

So gruben wir tagaus, tagein und mühten uns mit den Brettern ab. In den Arbeitspausen schwammen wir mit den Hunden im Fluß. Eines Tages, als Algy schnaufend am Ufer planschte, bellte er plötzlich laut auf. Wir rannten zu ihm hin. Er warf den Kopf hoch. Da sahen wir zu unserem Schrecken, daß sich etwas Längliches Schwarzes oberhalb seines schwarzen Nasenknopfes festgebissen hatte. Der arme Bursche war aufs höchste erschrocken und wir auch. Er sauste umher und schüttelte heftig den Kopf, aber das Ding ließ nicht locker. Endlich konnten wir feststellen, daß es keine Schlange, sondern ein großer schwarzer Blutegel war – ein widerliches Biest, aber nicht gefährlich.

Nach einer Weile beruhigte sich Algy ein wenig, denn diese Blutegel verletzen einen nicht. Er hockte sich hin, bewegte den Kopf und versuchte, auf das Tier, das auf seiner Nase baumelte, hinabzulugen, erst mit dem einen Auge und dann mit dem anderen. Der Blutegel wurde immer dicker, bis er schließlich einfach hinunterfiel. Da sprang Algy zurück. Das Tier lag im Sand, dick vollgetrunken und gräßlich anzusehen, aber völlig harmlos. Algy gab ein paar Schnauftöne von sich und tappte nicht sehr mutig auf den Blutegel zu. Nun hatte auch Benny den Vorfall bemerkt. Er sprang herbei wie ein Polizeigewaltiger, der überall nach dem Rechten sehen muß, packte das Ding mit seinen kleinen Kinnbacken und schleuderte es in die Luft. Schließlich warf er es ins Wasser, und der Blutegel schwamm davon. Da hättet ihr nur Benny sehen sollen! Er wischte sich gleichsam den Schweiß von der Stirn, als wollte er sagen: »Das habe ich mal wieder geschafft!« Und damit trollte er sich davon zu irgendeiner anderen wichtigen Sache, die seine Aufmerksamkeit erregte.

Je tiefer wir uns in das Steilufer eingruben, desto langsamer kamen wir voran. Die ausgegrabene Erde stampften wir vor dem Höhleneingang fest. Wir konnten es kaum erwarten, den anderen unser Werk zu zeigen, und beschlossen daher, schon in der halbfertigen Höhle ein Einweihungsfest zu geben. Also pausierten wir einen Tag mit unserer Arbeit und errichteten zur Feier des Tages unten am Strand einen »Vulkan«. Der Vulkan bestand aus einem großen Erdhaufen, der sorgfältig angefeuchtet und glattgeklopft wurde, bis er ganz fest war. Dann gruben wir so vorsichtig wie möglich von beiden Seiten einen Tunnel hinein, wobei uns aber die Hunde nicht helfen durften. Als der Tunnel fertig war und wir den unterirdischen Raum in der Mitte ein wenig vergrößert hatten, bohrten wir einen zugespitzten Stock vom Gipfel des Erdhügels hinab in die Kammer. Das war der schwierigste Teil der Sache, denn das Ganze konnte leicht zusammenstürzen. Als auch das ohne Zwischenfall vollbracht war, suchten wir uns Holzstückchen und andere brennbare Dinge, die einen guten Rauch abgäben. Diese schoben wir vorsichtig in die innere Höhle und zündeten sie mit einem langen glimmenden Span an. Alsbald kam eine feine Rauchsäule aus dem Loch an der Spitze. Wir saßen hochbeglückt bei unserem Vulkan und nährten das Feuer mit kleinen Zweigen, bis wir genug von dem Spiel hatten.

Zum Einweihungsfest luden wir unsere Eltern, Brownie und Jack ein. An einem Samstagnachmittag bereiteten wir alles vor. Mit viel Ächzen und Stöhnen schleppten wir einen Baumstamm den Hang hinauf und legten ihn vor die Höhle, denn wir wußten, daß die Erwachsenen nicht viel davon hielten, auf dem Erdboden zu sitzen. Wir nagelten Bretter über einen Gartenstuhl, so daß ein kleiner Tisch daraus wurde, und legten ein paar Teppichfetzen auf den feuchten Boden. Ich schmückte das Innere der Höhle mit Blumen, die uns und die Hunde mit ihrem starken Duft zum Niesen brachten. Benny steckte seine Nase tief in die Blüten und wurde von einer Biene gestochen, die sich mit ihrer Honiglast nicht rechtzeitig entfernt hatte.

Es war ein heißer Nachmittag. Wir blickten sehnsüchtig auf die Wasserfläche hinab, die wie Silberpapier im Sonnenlicht lag und von den Schatten der Weidenbäume gesprenkelt war. Benny trug einen Kranz blauer Blumen um den Hals und kam sich sehr großartig vor. Von Zeit zu Zeit rannte er zum Fluß hinab, um sein Spiegelbild zu betrachten.

Alles war bereit, das Teewasser kochte, und die Kuchenstücke lagen schön auf einem Teller, sorgfältig bedeckt wegen der Fliegen. Endlich kamen auch unsere Gäste. Sie schwitzten und keuchten von der Kletterei. Meine Mutter und Brownie bewunderten alles sehr. Aber mein Vater und Jack waren merkwürdig schweigsam, als wir ihnen stolz die Höhle zeigten, die sie zum erstenmal sahen.

Sie schienen nicht besonders beeindruckt zu sein. Wir beeilten uns daher zu erklären, die Höhle sei erst halb fertig; wir würden noch mindestens doppelt so tief graben. Vielleicht könnten wir dann sogar für den Rest der Ferien darin schlafen.

Unser Vater meinte nur, da hätten wir wohl sehr hart gearbeitet. Jack bückte sich ein wenig, ging in die Höhle und prüfte die Versteifung der Wände.

Als er herauskam, sagte er wie entschuldigend: »Die Bretter haben sie von mir bekommen, Chef. Aber ich hatte ja keine Ahnung, wozu sie dienen sollten.«

»Wir haben euch doch gesagt, daß wir eine Höhle bauen«, sagte ich.

Wir waren über den Mangel an Begeisterung sehr enttäuscht. Doch Erwachsene benehmen sich ja oft merkwürdig. Nach dem Tee verabschiedeten wir unsere Gäste, spülten das Geschirr ab und nahmen ein Bad, ehe wir nach Hause gingen.

Als wir abends unter dem Moskitonetz auf der Veranda in unseren Betten lagen, kam unser Vater, um uns gute Nacht zu sagen. Er sah etwas beunruhigt aus. Wir erfuhren auch bald, warum.

»Zu dumm, daß ich mir eure Höhle nicht eher angesehen habe«, sagte er, »aber ich habe immer so wenig Zeit. Ich hatte ja keine Ahnung, daß ihr sie gerade dort gegraben habt, wo der Fluß das Wasser um unser Haus herumleitet. Auch wußte ich nicht, daß sie so groß ist. Wenn eine Flut kommt, bedeutet diese Höhle eine große Gefahr für uns. Ich muß euch also leider bitten, nicht weiterzugraben.«

Da brach ich in lautes Weinen aus. Ich konnte es nicht unterdrücken, obwohl ich wußte, daß mein Bruder mich deswegen verachten würde. Benny und Algy sprangen sofort zu mir aufs Bett und bedeckten mich mit liebevollen Küssen, während Ajax die Vorderbeine auf mein Bett stellte und besorgt auf mich herabsah. Schon ließ er sein bekanntes Knurren hören, denn er dachte, ich sei von einem unsichtbaren Feind bedroht.

Nachdem sich alle ein wenig beruhigt hatten, sahen mein Bruder und ich ein, daß unser Vater recht hatte. Wir hatten nicht an die fürchterlichen Fluten gedacht, die von Zeit zu Zeit unser Haus überschwemmten. Am nächsten Tag untersuchte Jack noch einmal die Bretter in der Höhle und riet uns dringend, nicht wieder hineinzugehen, denn unser Bau könne jeden Augenblick einstürzen.

Wir waren also aus unserer Höhle vertrieben. Eines Tages würde man die Bretter wegholen und das Loch wieder zuschütten. Doch dazu mußten die Männer erst einmal Zeit finden. Auf einer Farm wie der unsrigen wird jeder Mann ständig gebraucht. Daher blieb die Höhle vorläufig liegen, wie sie war.

Mein Bruder mußte zurück in die Stadt, denn die Ferien waren zu Ende. Ich vermißte ihn sehr. Es war so schön gewesen, mit ihm zusammen zu sein. Ich hatte mich bemüht, bei allen Spielen, die er sich ausdachte, mitzuhalten. Ich hatte mich in alle möglichen Gefahren gestürzt und oft große Angst ausgestanden, ich könne etwas nicht leisten, was er von mir erwartete.

Eines Tages fühlte ich mich besonders einsam und dachte, es würde mich trösten, einen Blick in unsere Höhle zu werfen und mich an unsere glückliche Zeit zu erinnern. Natürlich wollte ich nicht hineingehen, nur einmal hineinschauen. So kroch ich mit den Hunden an dem vertrauten Steilufer empor. Ich fand die Höhle noch fast genauso vor, wie wir sie verlassen hatten. Nur hier und da war etwas Erde nachgerutscht, und einige Stützbretter waren umgefallen. Ich konnte es nicht lassen – ich mußte hineinkriechen. Nur ein einziges Mal, weil es doch so schön gewesen war. Als erster sprang Benny in die Höhle; Algy folgte mir, während Ajax draußen am Eingang stehenblieb. Wir drei füllten die Höhle fast ganz aus und stießen gegen die Bretter, als wir bis ans Ende vordrangen. Dann wollten wir wieder hinauskriechen.

Da geschah es. Plötzlich prasselte die lockere Erde nur so auf uns herab. Benny stürzte sofort hinaus, aber der dicke Algy war langsamer. Voller Angst trieb ich ihn zur Eile an. Ich war ganz mit Erde bedeckt und konnte fast nichts mehr sehen. Dazu kam das entsetzliche Krachen der herabfallenden Bretter. Undeutlich erkannte ich Algys Hinterteil vor mir, als ich zur Höhlenöffnung stürzte. Daneben war gerade noch ein Loch von etwa fünfzig Zentimeter Durchmesser offen. Ich warf mich auf den Bauch und kroch hinaus. Da sah ich zu meinem Schrecken, daß die Bretter über Algys Schultern gefallen waren und Erde von oben nachgerutscht war. Algy war völlig eingeklemmt. Nur mit seinen starken Vorderbeinen hatte er noch das Loch für mich offenhalten können. Seine Lage erschien hoffnungslos. Er keuchte vor Anstrengung und konnte sich nicht bewegen. Sobald seine Vorderbeine nachgaben und mehr Erde nachrutschte, würde er verschüttet werden.

Ich war ratlos. Lange würde Algy diesem Druck nicht standhalten können. Verzweifelt suchte ich nach irgend etwas, womit ich die Last hochstemmen könnte, fand aber nichts. Da hörte ich Pferdegetrappel auf den Kieselsteinen unten am Fluß. Ich wandte mich um und sah zwei Männer von der Farm auf ihren ermüdeten Pferden, die Zügel lose in den Händen.

Ich rief: »Hilfe! Hilfe!«

Die Männer sahen herauf. Ich schrie wieder; da kamen sie angaloppiert. Mein Geschrei ging in Weinen und Schluchzen über.

»Schnell, um Gottes willen schnell! Es ist Algy. Schnell, helft ihm!«

Sie sprangen von den Pferden und kletterten den Uferhang hinauf. Ich führte sie zum Höhleneingang. Mit einem Blick sahen sie, was los war. Sie stießen den

Baumstamm, den wir damals als Sitzbank vor die Höhle gelegt hatten, in die Öffnung neben Algy, zogen mit viel Mühe ein Brett aus der Höhle und stemmten damit die Erdmassen hoch. Keuchend wankte Algy heraus und warf sich zu Boden.

»Donnerwetter! Das hing aber an einem Haar«, sagte einer der Männer. »Laß den Burschen einen Augenblick verschnaufen.«

Die Männer hockten sich nieder und rauchten eine Zigarette. Als Algy sich etwas erholt hatte, gingen wir nach Hause. Es wäre mir lieber gewesen, wenn mein Vater mich wegen dieses Abenteuers bestraft hätte, aber das tat er nicht.

Er sah bekümmert meine Mutter an und sagte: »Damit ist das Maß voll, Mary. Unsere Tochter wächst ja so wild auf wie ein Tier. Jeden Augenblick muß man Angst haben, daß sie in Lebensgefahr gerät. Sie sollte wie andere Mädchen leben, mit Kindern ihres Alters spielen – kindlich spielen. Es hilft nichts, sie muß endlich auf die Schule. Bereite alles vor, damit sie im Frühjahr nach Armidale auf die Schule gebracht werden kann.«

Damit war ich mehr als genug bestraft.

Zirkus zu Hause

Im allgemeinen kam mein Bruder nur zweimal im Jahr in den großen Ferien nach Hause. Da aber Geburtstage in unserer Familie wichtige Ereignisse waren und Gerrys Geburtstag auf einen Tag in den Osterferien fiel, kam er diesmal für zwei Wochen zu Besuch, statt wie sonst irgendwo in der Nähe der Schule zu bleiben.

Sein Geburtstag war am letzten Ferientag. Wir hatten also genügend Zeit, das Fest vorzubereiten. Gleich am ersten Tag spazierten wir beide zu einem großen, etwa einen halben Kilometer von unserem Haus entfernten Gehege, das von einigen wilden Apfelbäumen beschattet war. Dort lebte ein großer Clydesdale-Hengst. Seine mächtigen Hufe waren fast verdeckt von dem langhaarigen Fell, das von den Knien herabwallte und wie ein Ballettröckchen aussah; er warf seine Mähne mal auf diese, mal auf jene Seite des fleischigen Nackens, der in stolzer Kurve aus dem muskulösen Rücken herauswuchs. Es war ein wundervolles Tier, wie geschaffen für einen mittelalterlichen Ritter in goldener Rüstung und mit einer langen Turnierlanze.

Auf der obersten Latte des Gatters sitzend, beobachteten wir, wie der Hengst mit donnernden Hufen den Boden stampfte. Dann stiegen wir auf den Heuboden eines kleinen Schuppens. Die Hunde folgten uns die

Leiter hinauf. Das machte ihnen keine Schwierigkeiten. Vor allem Benny war ein gewandter Kletterer. Er kroch oft auf schräggeneigten Baumstämmen hinter uns her und balancierte sogar auf den unteren Ästen entlang. Darin glich er mehr einer Katze als einem Hund.

Auf dem Heuboden herrschte brütende Hitze. Nur durch die offenen Luken kam etwas frische Luft herein. Wir warfen uns ins Heu und sahen auf den schweren Hengst hinunter. Er prustete und schlug aus, weil ihn die Bremsen belästigten.

Mein Bruder sagte: »Das ist hier genau wie der erste Rang in einem Zirkus. Übrigens, wie wär's mit einer Zirkusvorstellung an meinem Geburtstag?«

»O ja! Aber wie wollen wir das machen?«

»Ganz einfach. Jack kann uns helfen. Einer von uns ist der Ringrichter, während der andere seine Kunststücke zeigt. Sieh mal«, er sprang auf, »wir schieben das Heu zurück und stellen hier oben eine Bank fürs Publikum auf. Du könntest mit der Zirkusnummer glänzen, die du im vorigen Jahr auf der Ausstellung in Inverell gegeben hast.«

Ich lachte. Es war nicht meine Schuld, daß sich die Hunde in Inverell so unmöglich aufgeführt hatten. Damals war ich sehr wütend gewesen, aber jetzt, nach so langer Zeit, kam mir die Geschichte nur komisch vor.

Auf dieser Ausstellung in Inverell hatte sich ein recht peinlicher Zwischenfall ereignet. Mein Vater meinte, meine Stute Bella sei schon würdig, im Ring vorgeführt zu werden. Sie war weniger als 1,40 Meter hoch, gerade die richtige Höhe für ein Polopony. Ihr Fell war kastanienbraun mit kleinen dunkleren Flecken, die nur zum Vorschein kamen, wenn man es gegen den Strich rieb. Auf diese Flecken war ich besonders stolz, denn man sagte, die hätten nur die Abkömmlinge des berühmten Pferdes Carbine, dessen Stammbaum bei allen Pferdekennern in hohem Ansehen stand.

In Inverell wohnten wir immer bei einer befreundeten Familie, den Andersens, denn sie hatten einen großen Garten, in dem sich die Hunde nach Herzenslust tummeln konnten. Als wir ankamen, überraschten mich die Andersens mit der Nachricht, daß sie Algy zur Hundeschau angemeldet hatten. Er hatte nur eine einzige Bulldogge als Rivalen. Ich war ziemlich entsetzt. Nie im Leben hätte ich meine Hunde auf einer Ausstellung gezeigt, denn ich wußte, daß sie das nicht mochten. Aber ich wollte die Andersens, die es gut gemeint hatten, nicht kränken. So mußte ich wohl oder übel Algy auf der Ausstellung zeigen. Ich beschloß, es ihm so leicht wie möglich zu machen. Meine Hunde waren keine Ausstellungsexemplare. Sie waren nie getrimmt worden und hatten nie im Leben ein Halsband getragen. Ajax bewegte sich, wie er wollte; auch Algy und Benny hatten keine Ahnung, wie man sich in einer Stadt benimmt.

Wir gingen auf das Ausstellungsgelände und besichtigten den Hundepavillon. Er war sehr hübsch. In jeder Box stand eine kleine Holzhütte, lustig bemalt und mit einem Giebeldach. Vorne waren die Boxen offen. Wir trafen einen Ausstellungsbeamten, der sich sehr für Ajax interessierte. Auch sonst erregte Ajax, wo immer ich mit ihm hinkam, größtes Interesse. Ich erklärte dem Mann, warum ich Algy auf der Ausstellung zeigen müßte. Er war sehr verständnisvoll und meinte, ich könne Benny mit Algy zusammen anbinden und Ajax in der benachbarten Hundehütte unterbringen, damit Algy sich nicht so verlassen fühlte.

Am Eröffnungstag der Hundeausstellung war ich so besorgt um Algy, daß ich Bella und das Poloturnier fast darüber vergaß. Ich zog meine Reithose an. Dann führten wir die Hunde zur Ausstellung. Um Algy sein schweres Los ein wenig zu erleichtern, brachte ich ein großes Opfer. Ich wickelte mein bestes Kleid in einen Bogen Papier und nahm es mit. Es war ein saphirblaues Samtkleid. Algy liebte es, seinen Kopf daran zu reiben. Ich legte ihm also das Kleid zum Trost in seine Hundehütte und breitete es hübsch auf dem sauberen trockenen Strohlager aus.

Am Abend suchte meine Mutter das Kleid vergeblich. Das war ihr einfach rätselhaft. Sie erinnerte sich doch genau daran, es eingepackt zu haben!

Der Tag verlief ohne besondere Ereignisse. Bella gewann den ersten Lauf im Wettbewerb für das beste Polopony und schnitt in der Konkurrenz für Damenreitpferde als Dritte ab. Solange ich im Ring war, blieb meine Mutter bei den Hunden. Die übrige Zeit war ich bei ihnen. Benny war sehr unruhig und stellte allerlei Unfug an. Algys Rivale war eine schöne rehbraune

Bulldogge. Sie war schon an Ausstellungen gewöhnt, ließ sich auch von Fremden anfassen und ohne Widerstand anbinden.

An sich war es unsinnig, meinen guten alten Algy mit ihr konkurrieren zu lassen. Er hatte ja keine Ahnung, wie er sich während des Preisgerichts zu benehmen hatte. Er wedelte mit dem Schwanz, setzte sich nieder und versuchte die ganze Zeit, dem Preisrichter die Hand zu lecken. Es war kein Wunder, daß er nicht den ersten Preis gewann. Da aber nur zwei Bulldoggen da waren, konnte man nicht umhin, ihm den zweiten Preis zuzuerkennen.

Als die Preisverteilung vorüber war, tätschelte ich Algy und lobte ihn, band Benny neben ihm an, sprach Ajax in der nächsten Hundehütte gut zu und eilte dann in den Ring, wo ich Bella im Endlauf um den Poloponypreis reiten mußte. So kam es, daß meine drei Hunde angebunden und ganz sich selbst überlassen waren. Algy gegenüber saß sein Rivale, stolz im Schmuck seines blauen Bandes. Algy mochte sein rotes Band nicht leiden. Daher hatte ich es am Giebeldach der Hundehütte festgebunden.

Bella gewann in ihrer Klasse den ersten Preis. Schnell rannte ich wieder zu meinen Hunden. Als ich mich dem Pavillon näherte, hörte ich schon von weitem gewaltigen Lärm. Der Eingang war von einer dichten Menschenmenge belagert. Ich bahnte mir einen Weg hindurch, halb betäubt von dem fürchterlichen Knurren und Röhren, mit dem Hunde ihre wilden Kämpfe auszutragen pflegen. Auf den Anblick, der sich mir beim Betreten des Pavillons bot, war ich jedoch nicht vorbereitet. Das Publikum hatte sich ängstlich an die Wände gedrückt. In der Mitte des Raumes aber tobte ein furchtbarer Kampf. Es sah so aus, als seien mehrere Riesenschildkröten mit bunt angestrichenen Panzern verrückt geworden und übereinander hergefallen. Zu dem Lärm, den die Hunde vollführten, kam das Krachen und Splittern von Holz.

Anscheinend war Algy plötzlich zu der Erkenntnis gekommen, daß er seinen Rivalen haßte, und das mußte wohl im selben Augenblick auch seinem Gegner eingefallen sein. So stürzten sie also aufeinander los und schleiften dabei ihre Hundehütten hinter sich her. Benny wurde mitgezerrt, da er ja an Algys Hundehütte angebunden war. Er regte sich schrecklich auf und steigerte die Verwirrung noch dadurch, daß er mal nach diesem und mal nach jenem der beiden Kämpfer schnappte. Bestimmt war er überzeugt, Algy zu helfen. Kläffend sprang er hin und her, in ständiger Gefahr, unter eine der Hundehütten zu geraten.

Ajax hatte zunächst auf seine überlegene Art den Zuschauer gemacht. Als aber die Ausstellungswärter herbeieilten und die Hunde zu trennen versuchten, glaubte Ajax, man wolle Algy etwas antun. Er ließ sein gewaltiges Donnergrollen hören und stürzte sich nun ebenfalls nebst Hundehütte in das Getümmel. Die Ausstellungswärter und die Zuschauer zogen sich ängstlich zurück. So standen die Dinge, als ich eintrat. Ajax sprang wild umher, und seine Holzhütte polterte wie eine Muschelschale hinter ihm drein, während Algy und sein Gegner ihren Kampf austrugen, ihre Ketten ineinander verwickelten, auf Benny herumtraten und unter ihre eigenen Hundehütten gerieten. Zum Glück hielten die Ketten stand. Ich rief Ajax zu mir und nahm ihm sein Halsband ab. Endlich gelang es auch den Ausstellungswärtern, die beiden wütenden Bulldoggen zu trennen, indem sie ihre Hundehütten nach entgegengesetzten Seiten zerrten.

Die Hunde keuchten und knurrten und waren über und über mit Bißwunden bedeckt, die indessen nicht tief gingen. Das blaue Band des Siegers war ganz zerfetzt, und wie sah erst mein kostbares Samtkleid aus! Algys rotes Band wehte lustig wie eine Fahne vom Dach seiner Hundehütte.

Zuerst machte ich Benny los. Er war unverletzt, aber sehr schmutzig, und sein Fell war von dem Geifer der beiden kämpfenden Hunde verklebt. Der Besitzer der Siegerdogge war ebenso aufgeregt wie ich; er entschuldigte sich in einem fort. Ich hätte mich Algys wegen auch entschuldigen müssen. Aber das Unglück war nun einmal geschehen, und so ließ ich Algy wenigstens die Genugtuung, der Angegriffene und nicht der Angreifer gewesen zu sein.

Auf diese Geschichte spielte mein Bruder an, als er mich mit meiner »Zirkusnummer« aufzog. Ich sagte ihm, ein so interessantes Schauspiel könne ich natürlich nicht noch einmal bieten.

Wir baten unseren Vater, ob wir den Hengst anderswo hinführen dürften, während wir alles für den Zirkus vorbereiteten. Er gab uns die Erlaubnis dazu. Meine Mutter erlaubte uns auch, unten in dem Schuppen die Geburtstagstafel aufzubauen.

Mit Eifer gingen wir daran, uns die einzelnen Zirkusnummern auszudenken. Natürlich mußten Algy, Ben, Ajax, Mathilde und Kiko dabei eine Rolle spielen. Possy ließen wir beiseite, denn sie war tagsüber zu schläfrig. Dann war da noch Buck, mein dickes Pony, Jacks Schäferhund und meine Schlange Kaa. Kaa war wundervoll gezeichnet und über zweieinhalb Meter lang. Sie wohnte in einer Höhle unter dem Vorratshaus und vertrieb die Ratten. Sie war ein dickes, gutartiges Tier und hatte nichts dagegen, wenn ich sie herumschleppte.

Durch die Schuld meines Bruders wäre die geplante Zirkusvorstellung beinahe ins Wasser gefallen. Meine Eltern hatten eine Freundin, eine sehr nervöse alte Dame, die uns hin und wieder besuchte. Mrs. Carter hatte nicht nur Angst vor den Hunden, sondern sogar vor der sanften und gutartigen Mathilde. Eines Tages bekam sie fast einen Anfall, weil Possy ihr einen Höflichkeitsbesuch abstattete, sich auf das Fußende ihres Bettes setzte, komische Gesichter schnitt und ihr leises »ka ka kaa« hören ließ. Auch Kiko, dieser kleinste und gutartigste aller Affen, versetzte sie in Schrecken. Vor meiner Schlange Kaa aber zitterte und bebte Mrs. Carter, wenn sie nur an sie dachte. Sicherlich hielten auch meine Eltern die Tierfurcht von Mrs. Carter für etwas albern, aber sie mochten sie nun einmal gern und wir im Grunde auch. Dennoch spielten wir ihr manchen Streich. Meine Mutter nahm uns das Versprechen ab, daß wir bei diesen kleinen Scherzen nie und nimmer meine Schlange Kaa mit ins Spiel brächten, denn sie befürchtete, daß Mrs. Carter einen Nervenzusammenbruch erleiden könnte.

Eines Tages ging die alte Dame im Garten spazieren. Am Ende des Gartens hatte Gerry sich eine tiefe Grube gegraben. Die nannte er sein »Bergwerk«. Darin hockte er und ließ mit Vorliebe rotes chinesisches Feuerwerk aufsteigen. Er konnte es einfach nicht lassen, Mrs. Carter einen Streich zu spielen. Als sie sich seinem Bergwerk näherte, sprang er in die Grube und verbarg sich darin. Dann stieß er hohle Schreckenslaute aus. Als sie ängstlich in die Grube hinabsah, ließ er ein Bündel von Feuerwerkskörpern hochgehen. Mrs. Carter sprang kreischend zurück, ging beleidigt ins Haus und erzählte alles unserem Vater. Der war sehr ärgerlich und wollte uns zur Strafe unseren Zirkus verbieten. Ich weinte, was ihn etwas milder stimmte, denn schließlich hatte ich ja nichts verbrochen. Der arme Gerry war sehr niedergeschlagen. Doch am Ende verzieh Mrs. Carter ihm seine Bosheit. Von da an bemühte er sich, auf alle Weise Reue zu zeigen und ihr Gutes zu tun. So bestand er auch darauf, sie müsse bei der Zirkusvorstellung an seinem Geburtstag als Ehrengast dabeisein, und das schmeichelte der alten Dame sehr.

Einige Tage vor der Zirkusvorstellung führten wir den Hengst aus dem Gehege. Das Heu auf dem Dachboden schoben wir so weit zurück, daß wir vor den offenen Luken eine Bank aufstellen konnten. Wir schleppten Pferdedecken und andere Dinge, die oben herumlagen, die Leiter hinunter und legten sie säuberlich in eine Ecke. Dann stellten wir auf zwei Böcken einen Tisch auf und ringsherum Klappstühle für die Gäste. Wir wußten allerdings noch nicht, wie wir Mrs. Carter über die schmale Leiter in den ersten Rang hinaufbringen sollten. Außerdem befürchtete Gerry, daß sie mit einem der Klappstühle zusammenbrechen würde. Er meinte, sie müsse als Ehrengast an der Geburtstagstafel einen besonderen Stuhl haben. Also borgte er sich eine Schubkarre, lud einen Korbsessel mit vielen Kissen darauf und fuhr damit zum Schuppen. Er war sehr erhitzt und ermüdet, als er dort ankam. Dennoch sah er glücklich und zufrieden aus. Offenbar hatte er das erhebende Gefühl, alle seine Untaten von früher wieder gutgemacht zu haben. Er stellte den Korbsessel an das obere Ende der Tafel, polsterte ihn mit den Kissen und dachte, nun sei alles in bester Ordnung.

Als der große Tag kam, waren wir früh auf. Alle Zirkustiere mußten sauber und schmuck aussehen. Benny wurde zweimal gebadet, denn nach dem ersten Bad rannte er hinaus und wälzte sich in irgend etwas Übelriechendem. Algy mußten wir unter dem Bett hervorziehen und zur Badewanne schleifen. Da stand er nun und ließ es sich wie ein Märtyrer gefallen, daß ich die vielen Falten und Runzeln seines guten Bulldoggengesichts mit einer weichen alten Zahnbürste säuberte. Er hielt das Baden für eine ganz überflüssige Einrichtung. War es aber erst einmal überstanden, dann fühlte er sich sehr wohl. Den riesigen Ajax mußte ich in zwei Abteilungen baden, zuerst die vordere Hälfte und dann die hintere.

Ich striegelte das zottige Fell meines kleinen Ponys Buck so gut es ging, und sogar Mathilde wurde sorgfältig gebürstet. Kiko bedurfte keiner Pflege. Er sah immer appetitlich und sauber aus. Meine Schlange Kaa rieb ich mit einem Lappen ab, den ich zuvor in Öl getaucht hatte. Danach hatten ihre wundervoll gemusterten Windungen einen strahlenden Glanz. Trotzdem blieb sie träge und schläfrig, wie es ihre Art war. Ich hängte sie mir über die Schultern und hob die restlichen Windungen ihres Leibes mit den Händen hoch. So lief ich zum Zirkusplatz und suchte nach einer Stelle, wo ich sie hinlegen könnte, bis ihre Nummer an die Reihe kam. Ich machte mir etwas Sorgen wegen Mrs. Carter. Hoffentlich bekam sie keinen Schlaganfall, wenn ich mit der Schlange auftrat.

Außerhalb des Schuppens fand ich einen hohlen alten Baumstumpf, der mit Rinde und Erde gefüllt war. Er hatte noch ein paar Triebe mit Blättern und gab ein wenig Schatten. Das schien mir der geeignete Platz für die schläfrige und vollgefressene Schlange zu sein. Ich rollte sie sorgfältig um den Baumstamm und war froh, sie gut untergebracht zu wissen. Dann eilte ich zurück, um Mathilde zu holen.

Das Publikum bestand aus sechs Personen: Mrs. Carter, unsere Eltern, Nessie, unser ehemaliges Kindermädchen und jetzt unsere Haushälterin, Brownie und schließlich noch unser Buchhalter, ein junger Mann, den Tiere fast ebenso nervös machten wie Mrs. Carter. Jack mußte uns in der Arena helfen.

Benny trug eine riesige Schleife um den Hals. Nachdem er auf alle mögliche Weise versucht hatte, danach zu schnappen und sich das Ding abzureißen, ließ er sich schließlich den Schmuck gefallen und schielte sogar nach der Schleife, um zu sehen, ob sie noch da sei. Für Ajax und Algy hatte ich Clownshüte und Rüschen aus Kreppapier angefertigt. Zuerst schmückte ich den verdutzten Algy und befestigte ihm seinen Clownshut mit einem Gummiband unter dem Kinn. Er war wegen dieses Aufzugs sehr verlegen, schnaufte und leckte mir die Hände. Schließlich stellte er sich, als müsse er niesen, um auf diese Weise den Hut und die Rüsche loszuwerden, ohne mich zu kränken. Dann rief ich Ajax herbei. Niemand möge mir erzählen, daß Hunde nicht lachen können. Ajax stand da wie ein imposantes Denkmal, das mit allerlei unwürdigen Scherzartikeln behängt wird. Als ich ihn mit Kappe und Halskrause geschmückt hatte, erschien auf Algys Gesicht ein breites Grinsen. Während Algy sich mit seinem Schmuck recht und schlecht abfand, riß Ajax sich Hut und Krause ab und zerkaute die ganze Herrlichkeit.

Schließlich saß auch unser Publikum oben im Rang. Mrs. Carter hatten wir mit vereinten Kräften die Leiter hinaufgeschoben. Dann begannen wir mit unserem Programm. Ich stand mit einer langen Peitsche mitten in der Arena, während Gerry, als Indianer verkleidet, auf Bucks breitem Rücken stehend, im Kreise galoppierte. Als zweite Nummer mußten Benny und Kiko ganz alleine auf Buck reiten, wobei der kleine Kiko fast unter Bennys riesiger Schleife verschwand.

Danach führten wir einen Ritt auf Kälbern vor. Dabei saßen wir rittlings, aber dem Schwanzende zugekehrt. Das war bester Buschstil, und wir ernteten denn auch großen Beifall. Mein Känguruh Mathilde mußte zu einem Ringkampf mit Gerry antreten. Das machte beiden großen Spaß. Mathilde packte Gerry mit ihren Vorderbeinen und versuchte anscheinend, ihm in die Augen zu sehen. Dann lief sie plötzlich los und stieß ihm mit ihrer langen Hinterzehe in den Bauch, worauf sie befriedigt und graziös davonhüpfte. Gerry fiel vor Lachen auf den Rücken. Das Publikum klatschte laut Beifall.

Danach gab es noch verschiedene andere Nummern. Zuletzt zog ich mein indisches Kostüm an für die Schlangenbeschwörernummer. Ich rannte zu dem Baumstumpf, um Kaa zu holen, aber sie war nicht da. Ich suchte überall, konnte sie jedoch nirgends entdekken. So lief ich wieder in die Arena und tanzte zur Grammophonmusik eine Art indischen Tanz.

Nachdem der Beifall verrauscht war, ging ich in den

unteren Teil des Schuppens, wo die Festtafel gedeckt war. Die Klappstühle standen ordentlich rings um den Tisch, und am Kopfende der Tafel stand der mächtige Korbsessel für den Ehrengast.

Mein Vater half Mrs. Carter galant die Leiter hinab, wobei sie kleine ängstliche Rufe ausstieß. Im nächsten Augenblick würden die Gäste unten sein und an der Festtafel Platz nehmen. Da sah ich, daß mit dem Korbstuhl irgend etwas nicht in Ordnung war. Ich blickte genauer hin und traute meinen Augen kaum. Auf dem Sitz lag, hübsch zusammengeringelt, meine Schlange. Ich war entsetzt. Mrs. Carter durfte Kaa auf keinen Fall erblicken. Sie würde denken, wir hätten ihr das absichtlich angetan, Gerry würde verzweifelt sein, und unsere Eltern würden böse werden.

Kaa schlief in aller Ruhe. Sie war sehr schwer. Unmöglich konnte ich sie noch schnell unbemerkt wegtragen. Die ganze Geburtstagsgesellschaft war in Gefahr aufzufliegen. Mir fiel nur noch eine Rettung ein: Ich riß meinen indischen Schal ab, breitete ihn über Kaa und setzte mich vorsichtig auf die Schlange. Sie bewegte sich kaum, denn sie war daran gewöhnt, daß ich manchmal auf ihr saß. Ja, sie rückte sich sogar ein wenig zurecht, damit ich bequemer sitzen konnte. So saß ich da und klammerte mich an die Armlehnen, starr vor Angst, Kaa könne unter dem Schal hervorkommen und alles verderben. Ich wagte mich nicht zu rühren.

Mrs. Carter und mein Vater kamen herein, während die übrige Gesellschaft noch die Leiter hinabkletterte.

Als mein Vater mich sah, rief er: »Hallo! Was machst du denn da? Mach mal schnell den Ehrenplatz frei.«

Ich schwieg beklommen.

Dann kam Gerry. »Nanu«, sagte er, »den Sessel habe ich für Mrs. Carter hergebracht, nicht für dich.«

Mrs. Carter kam auf mich zu. Da rief ich verzweifelt: »Bitte, Mrs. Carter, lassen Sie mich hier sitzen! Ich möchte es so furchtbar gern.«

Mein Vater murmelte etwas wie »Unfug«, und Gerry wollte mich vom Sessel zerren.

Aber die alte Dame nahm Gott sei Dank am anderen Ende der Tafel Platz und sagte freundlich: »Aber natürlich, mein Kind, bleib nur sitzen. Du warst doch die Hauptperson bei der Zirkusvorstellung, also hast du auch den Ehrenplatz verdient.«

Mir war entsetzlich elend zumute. Gerry warf mir wilde Blicke zu. Die anderen sahen mißbilligend drein und taten so, als sei ich gar nicht vorhanden. Es war schrecklich. Und dann begann sich Kaa obendrein noch zu bewegen und hob mich sanft auf und nieder.

Nessie sagte scharf: »Kinder sollten bei Tisch stillsitzen!«

Wie gern hätte ich das getan. Gerry warf abwechselnd böse Blicke auf mich und strahlende auf das Stück Kuchen in seiner Hand.

Als er wieder einmal zu mir hinsah, nahm sein Gesicht einen entsetzten Ausdruck an. Ich fühlte, wie Kaa sich langsam an meinem Rücken emporzuwinden begann. Ich saß ganz still. Was würde geschehen, wenn ihr flacher Kopf und ihre unheimlichen Augen plötzlich über meine Schulter lugten? Jetzt hatte ich aber wenigstens einen Bundesgenossen. Mein Bruder begriff alles und erbleichte. Geistesgegenwärtig schob er der Schlange rasch sein Stück Kuchen in den Mund. Ich fühlte erleichtert, wie sie wieder abwärts glitt. Ihre Windungen unter mir kamen zur Ruhe; die größte Gefahr war für eine Weile gebannt. Aber immer noch konnte ich nicht stillsitzen und mußte andauernd Ermahnungen und Tadel einstecken.

Auch diese Teegesellschaft ging einmal zu Ende. Die Erwachsenen bestiegen das Auto, mit dem sie gekommen waren. Ich blieb wie angenagelt auf dem Ehrenstuhl sitzen. Meine Eltern waren sehr ungehalten. Zur Strafe für mein schlechtes Benehmen beachteten sie mich überhaupt nicht. Schließlich blieben nur noch Nessie, Jack, Gerry und ich übrig. Da begann ich jämmerlich zu weinen. Als ich die schlafende Schlange unter mir vorwies, trösteten mich alle und sagten, ich habe mich ganz richtig verhalten. Meine Eltern würden sehr stolz auf mich sein, wenn sie das erführen.

Glückliches Zwischenspiel

Als mein Bruder nach den Winterferien – das heißt bei uns in Australien Ende Juli – auf die Schule zurückmußte, überkam mich wieder der schmerzliche Gedanke, daß auch für mich bald die Abschiedsstunde schlagen würde. Es war mir unvorstellbar, mein Zuhause, meine Hunde und die Menschen, die ich liebte, verlassen zu müssen. Ich konnte nicht einmal meiner Mutter mein Herz ausschütten. Sie und auch Brownie hätten mich wohl verstanden, mein Vater jedoch bestand darauf, daß ich zu meinem eigenen Besten unter andere Kinder kommen müsse.

Wann immer ich mich fortstehlen konnte, spazierte ich mit den Hunden zu all meinen Lieblingsplätzen. Nachts lag ich in meinem Bett auf der Veranda schlaflos, während alle die Laute und Geräusche, die ich so liebte, durch die samtdunkle Nacht zu mir drangen. Da war der Ruf eines Opossums, der langgezogene Schrei eines Dingos oder das ständig an- und abschwellende Gebrüll der Herde in den Koppeln. All das gehörte zu meinem Leben und war mir ebenso teuer wie Algys vertrautes Schnarchen. Im Liegen streckte ich die Hand aus und legte sie auf den Kopf von Ajax. Zu meinen Füßen fühlte ich Bennys kleinen warmen Körper, und mein Herz war voller Verzweiflung.

Eines Tages ging ich mit den Hunden zum Angeln. Das war ein recht gefährlicher Sport. Mein Fischgrund war nämlich ein alter, halbausgetrockneter Brunnen. Das Angelgerät bestand aus einer Schnur und einem seidenen Schnupftuch, und die Fische waren die gefährlichen schwarzen Schlangen, die wir in Australien haben.

Diese Schlangen werden bis zu zweieinhalb Meter lang. Sie sind sehr giftig, aber wie die meisten wilden Tiere nur dann gefährlich, wenn man sie erschreckt oder reizt. Ich war in ständiger Angst, daß die Hunde solch eine Schlange angreifen könnten. Zwar waren sie mit Kaa gut vertraut und dazu erzogen, andere Schlangen in Ruhe zu lassen. Einmal aber sah ich, wie Algy seine Nase schnüffelnd in ein Grasbüschel steckte und wie eine schwarze Schlange sich emporringelte und mit ihrer langen Zunge fast seine platte Nase berührte. Ich wagte nicht, ihn anzurufen, denn womöglich würde er sich nach mir umwenden und die Schlange ihn beißen. Also verhielt ich mich ganz still. Die Schlange machte kehrt und verschwand. Vielleicht konnte sie es nicht über sich bringen, diesen lieben guten, dummen Hund zu beißen.

Das Angeln nach Schlangen lernte ich von Jack. Unser alter Brunnen war fast fünf Meter tief und hatte nur ein paar Zentimeter Wasser auf dem Grund. Die Seitenwände waren mit Planken abgestützt, zwischen denen Grasbüschel hervorwuchsen. In den morschen Brettern waren hier und da kleine runde Löcher. Wir warteten still, bis aus einem dieser Löcher ein flacher Kopf zum Vorschein kam. Wenn die Schlange den Kopf weit genug herausgestreckt hatte, ließ Jack an einer Schnur das Taschentuch zu der Schlange hinab. Daraufhin zog sie sich meist wieder in ihr Loch zurück. Wenn Jack aber das Taschentuch auf und ab tanzen ließ, biß sie plötzlich zu. Jack ruckte an der Schnur. Die Schlange zog ihren Kopf zurück; aber jedesmal blieb einer ihrer Giftzähne in dem Taschentuch hängen.

Eigentlich durfte ich nicht angeln, wenn Jack nicht dabei war. Als ich aber eines Tages allein in den Brunnen hinablugte und gleich zwei Schlangenköpfe auf einmal sah, konnte ich nicht widerstehen. Ich lief nach Hause und holte eins von den großen Taschentüchern meines Vaters, knüpfte es an eine Schnur und ließ es in den Brunnen hinab.

Dreimal verfehlte ich mein Ziel, dadurch wurde mein Eifer nur noch mehr angestachelt. Ich achtete nicht mehr auf das, was um mich her vorging. Plötzlich hörte ich ein Kläffen und zugleich ein Scharren und Rutschen. Erdklumpen fielen in den Brunnen hinab, und die Schlangen zogen sich zurück. Als ich aufsah, war es schon zu spät. Ben war halbwegs in den Brunnen gerutscht, versuchte sich zu halten, rutschte aber immer schneller bis auf den Grund, begleitet von einem Hagel aus Steinen und Erdklumpen.

Algy begann winselnd am Brunnenrand zu scharren, während Ben unten in der Tiefe um Hilfe bellte. Er war unverletzt. Dennoch erhob er ein großes Geschrei, sprang auf seinen kurzen Hinterbeinen umher, blickte nach oben und machte mir auf seine Weise die heftigsten Vorwürfe.

Ich war sehr erschrocken. Wie sollte ich Ben wieder heraufziehen, und wie lange würden sich wohl die Schlangen unten im Brunnen den Lärm gefallen lassen, den Ben vollführte? Ich zog Algy zu einem Baumstumpf und band ihn dort mit meinem Gürtel fest. Der gute Bursche sah mich ganz verstört an. Er wollte Benny doch nur helfen. Ich rannte mit Ajax zu Jack, der gerade im Schuppen mit einer Tischlerarbeit beschäftigt war. Er ging an seinen Werkzeugkasten und holte ein geschmeidiges, eingefettetes Seil heraus. Damit liefen wir zum Brunnen zurück.

Bennys Wut war noch gestiegen, denn er glaubte sich von allen verlassen. Sein Bellen klang schon ganz heiser.

Jack machte eine Schlinge in das Seil und versuchte, Ben darin zu fangen. Ben aber begriff nicht, daß wir ihn retten wollten. Er wirbelte umher und wich der Schlinge immer wieder aus. Ich hielt den Atem an und fürchtete, jeden Augenblick einen Schlangenkopf aus einem der Löcher auftauchen zu sehen. Schließlich gelang es Jack, dem undankbaren Ben die Schlinge umzulegen. Wir zogen ihn herauf. Er japste vor Atemnot, als sich das Seil um seine Brust zusammenzog. Als er aber erst einmal oben war, schimpfte er und zeigte keine Spur von Dankbarkeit für seine Rettung.

Nach diesem Zwischenfall wurde der Brunnen neu eingefaßt, und ich mußte mit meinen Hunden an den

Fluß gehen, wenn ich fischen wollte. Der Fluß stand jetzt sehr niedrig. Stellenweise war er so voll Entengrütze, daß ich mit dem Ruder staken mußte. Algy, der vom Wasser nichts wissen wollte, hielt die Entengrütze für Rasen. Eines Tages hörte ich hinter mir einen großen Plumps. Algy war ins Wasser gefallen und kam ganz grün wieder an die Oberfläche. Er sah aus wie ein Meeresungeheuer, schnaufte und war völlig verängstigt. Ich zog ihn mit Mühe zu mir ins Boot, wobei das schmutzige Wasser eimerweise mit hereinschwappte. Der arme Algy war durch Schaden klug geworden und hütete sich, dasselbe noch einmal zu tun.

Unter den Aborigines, die auf unserer Farm arbeiteten, war ein komischer Kauz. Er nannte sich selbst »König Billy«. Seine Hauptbeschäftigung war das Holzhacken. Dabei trug er immer ein sehr merkwürdiges Kostüm. Er pflegte zu seiner verschlissenen Arbeitskleidung einen alten schwarzen Zylinder aufzusetzen, den ihm einmal mein Großvater geschenkt hatte. Billy liebte diese Kopfbedeckung über alles. Wenn er den Zylinder aufhatte, nannte er sich nicht »König Billy«, sondern legte sich den Titel »General« zu. Damit glaubte er wohl, meinem Großvater und dessen Regiment eine besondere Ehre zu erweisen.

Billy war ein erfahrener Fischer. Wie alle Aborigines fischte er mit langen Speeren und nicht mit Schnur und Angelhaken. Er fuhr mit dem Boot ins flache Wasser, stand im Bug und spähte nach Fischen aus. Dann schleuderte er seinen Speer mit fabelhafter Geschicklichkeit. Die Fische wurden auf dem Grund festgespießt, während der zitternde Schaft die Stelle markierte. Ich hatte beim Fischen auf diese Art nicht viel Glück, versuchte es aber immer wieder. Allerdings war ich dabei sehr behindert. Ajax verhielt sich zwar ruhig im Boot, doch die beiden wilden Jäger Ben und Algy sausten aufgeregt hin und her, so daß ich das Boot, den Speer und mich selbst kaum im Gleichgewicht halten konnte.

Eines Tages sah ich einen großen Fisch langsam vorbeischwimmen. Ich zückte meinen Speer und schleuderte ihn. Doch dabei bekam ich das Übergewicht und stürzte ins Wasser. Ajax sprang mir nach, während die anderen beiden auf eine Seite des Bootes rannten und es beinahe zum Kentern brachten. Endlich gelang es mir, wieder ins Boot zu klettern, obwohl Algy und Ben mich aus lauter Liebe und in ihrem Eifer, mich zu retten, mehrmals ins Wasser zurückstießen.

Eines der merkwürdigsten australischen Geschöpfe ist das Schnabeltier, ein komisches kleines Tier, das aus uralten Zeiten stammt. Es war an manchen Stellen unseres Flusses sehr zahlreich vertreten. Das Schnabeltier ist ein scheues Wesen und steht unter Naturschutz. Da es aber einen sehr kostbaren Pelz trägt, wird es oft von Wilderern gejagt. Meine Eltern hatten aus alten Tagen einen kleinen Teppich aus Schnabeltierfellen. Der Pelz ist kurzhaarig, braungrau und sehr dauerhaft, ähnlich wie ein Biberpelz.

Manchmal habe ich an stillen Stellen des Flusses wohl

ein halbes Dutzend Schnabeltiere an der Oberfläche schwimmen sehen. Sie ähneln braunen pelzigen Rechtecken. Bei der geringsten Bewegung im Wasser sausen sie blitzartig hinab. Sie sind etwa dreißig Zentimeter lang, haben einen Entenschnabel und Schwimmhäute an den Füßen. An den Hinterbeinen haben sie einen Sporn, von dem es heißt, er sei giftig. Die Schnabeltiere bauen ihre Nester, indem sie eine Art Tunnel durch die Wurzeln der Uferbäume graben. Ihre Jungen kommen im Winter zur Welt, meist zwei, und sehen wie weiche weißliche Maden aus.

Ihre Nester findet man am leichtesten, wenn der Boden im Winter ein wenig gefroren ist. Dann pflegte Jack mich mit ans Flußufer zu nehmen. Wir wanderten dort umher, bis wir eine Stelle meist in der Nähe eines Baumstammes fanden, an der das Gras nicht gefroren war. Dort begann Jack vorsichtig zu graben, während ich die Hunde zurückhalten mußte. Wenn man nämlich das Nest des Schnabeltiers allzu unsanft aufstöbert, flieht das Muttertier und läßt seine Jungen im Stich.

Die letzte Erde schoben wir ganz zart mit den Händen beiseite und erblickten in einem Nest aus Erde und Holzstückchen die beiden winzigen hilflosen Babys. Wir betrachteten sie eine Weile und brachten dann Holz, Blätter und Erde sorgfältig wieder an ihren Platz. Die Schnabeltiere sind immer seltener geworden, denn sie sind äußerst sanfte Geschöpfe und haben nichts zu ihrer Verteidigung als ihre Schnelligkeit.

Bei all diesen Beschäftigungen gingen meine Tage

angenehm dahin. Ich hätte glücklich sein können, wenn nur nicht die Furcht vor der Schule gewesen wäre. Immer mußte ich daran denken, daß ich vielleicht in ein paar Monaten schon weit fort von Gunyan sein würde.

Wir bekamen nur zweimal in der Woche Post. Als ich an einem solchen Posttag gegen Abend nach Hause kam, berichtete meine Mutter mir, es sei ein Brief von der Schule gekommen. Vor dem nächsten Jahr sei kein Internatsplatz für mich frei. Wieder war ich für eine Weile gerettet. In jener Nacht schlief ich tief und glücklich.

Ein Abenteuer auf Leben und Tod

Australien ist ein Land solcher Gegensätze, daß man fast nicht weiß, was schlimmer ist: die Fluten oder die Zeiten der Dürre. Ich glaube aber, eine richtige Dürre ist ungefähr das Schlimmste, was man sich vorstellen kann. Wenn man auf einer Farm lebt, ist man ganz auf den nächsten Fluß angewiesen. Alles Wasser, das man braucht, muß dort geholt werden. Nur das Trinkwasser nicht. Es wird als Regen in der Dachrinne aufgefangen und dann in großen Tanks gefiltert. Wenn eine lange Trockenzeit kommt, gehen die Obstbäume ein, es gibt kein Gemüse und natürlich auch keine Blumen. Das Wasser in den Tanks muß zum Trinken bleiben. Zum Geschirrwaschen, sogar zum Tee und zum Kochen muß Flußwasser benutzt werden, das täglich heraufgeholt und in riesigen Behältern gespeichert wird.

Der Fluß nimmt ein gräßliches Aussehen an. Er ist nur noch eine Kette stehender Wasserpfützen und gleicht einem verkrauteten Tümpel. Alles ist grün und schleimig und voll toter Flußtiere. Die Tiere haben am meisten unter der Dürre zu leiden. Ganze Herden sterben an Durst und Hunger. Überall liegen tote Tiere, und ein entsetzlicher Verwesungsgeruch breitet sich über dem Land aus. Es gibt häufig kurze Dürrezeiten; hin und wieder jedoch dauern sie länger. Dann besteht auch eine große Brandgefahr, denn jeder Grashalm, jeder Baum und jedes Stückchen Holz brennt wie Zunder. Es genügt ein Blitz oder sogar die Sonne, die sich in einer Glasscherbe fängt, oder etwas glühende Asche, die ein Raucher unvorsichtig fallen läßt – und bald brennt alles lichterloh.

Ich erinnere mich noch gut einer solchen Dürre. Die Sonnenhitze brütete wochen- und monatelang. Die Luft war dick und voll Rauch von all den Bränden weit und breit. Sogar der wasserscheue Algy stürzte sich keuchend in das seichte Flußwasser und suchte Kühlung. Von Zeit zu Zeit tauchte er mit Entengrütze bedeckt auf wie ein vorsintflutliches Flußtier.

Die schwerste Dürre, an die ich mich erinnere, begann in der Gegend von Inverell, etwa hundert Kilometer von unserer Farm Gunyan entfernt. Trotz der Dürre wurde die jährliche Ausstellung abgehalten, aber sie war nur schwach besucht. Immerhin gab es einen Jahrmarkt, das übliche Karussell und einen großen Zirkus. Dabei ereignete sich etwas Fürchterliches. Der Zirkus wurde fast ganz durch einen Brand zerstört. Einige Tiere verbrannten in ihren Käfigen, andere brachen aus. Sie konnten aber wieder eingefangen werden. Nur drei Wölfe verschwanden in der Wildnis und wurden nicht mehr gefunden. Überall machte man Jagd auf sie. Hin und wieder kamen Berichte von Farmern, deren Hühnerställe ausgeraubt worden waren. Ein Mann wußte zu erzählen, daß er drei graue Gestalten über sein Hühnergatter habe springen sehen. Er hatte auf sie geschossen.

Aus der Blutspur schloß man, daß er ein Tier am Hinterbein getroffen hatte. Die Wölfe müssen entsetzlichen Hunger gelitten haben, denn in dem ausgedörrten Land gab es nichts für sie zu fressen. Als man einige Wochen lang nichts mehr von ihnen hörte, dachte man, sie seien weiter nach Norden gezogen, wo es bessere Beute gab und wo man nicht so wachsam war.

Als die Dürre auch unsere Farm erreichte, stellte mein Vater viele neue Viehtreiber ein. Sie mußten die Herde auf fruchtbareres Land treiben. Die Farmer, auf deren Boden mehr Regen gefallen war als bei den Nachbarn, verpachteten ihre Weiden zu hohen Preisen. Besonders hart wurden natürlich die kleinen Farmer von der Dürre getroffen. Gunyan war ein großer Besitz von rund 100000 Morgen. Bei uns gab es immer noch irgendwo ein Stück Weide, auf dem das Vieh etwas zu fressen fand. Doch zwanzig Kilometer von Gunyan entfernt besaß ein befreundetes Ehepaar eine kleinere Farm und hatte es damit sehr schwer. Meine Eltern halfen, so gut sie konnten, und schickten ihnen Fleisch und Gemüse, solange wir selbst noch etwas hatten.

Eines Tages sandte Mrs. Graham, die Frau dieses Farmers, meiner Mutter eine Nachricht, daß sie unerwartet Kinderbesuch bekommen habe. Es waren ihre beiden Nichten, die eine etwa in meinem Alter, die andere jünger. Ihre Mutter hatte für einige Wochen ins Krankenhaus müssen. Mrs. Graham bat meine Mutter, mich übers Wochenende hinkommen zu lassen. Die beiden Mädchen hatten Heimweh und waren sehr unglücklich. Sie wollte ihnen durch meinen Besuch eine Abwechslung verschaffen. Meine Hunde sollte ich jedoch zu Hause lassen, denn zwischen ihnen und den Schäferhunden dort gab es immer Beißereien, und gerade jetzt wurden die Schäferhunde dringend gebraucht, um die bedrohte Herde zu schützen.

Ich war nicht sehr entzückt von der Einladung. Es paßte mir nicht, die Hunde zurückzulassen, und aus den Kindern machte ich mir nicht viel. Auch blieben mir nur noch zwei Monate, bis ich auf die Schule sollte. Das war meine letzte Galgenfrist. Der Gedanke daran bereitete mir schlaflose Nächte, in denen ich mir das Heimweh vorstellte, das ich nach meinen Hunden haben würde.

Meine Mutter war aber sehr dafür, daß ich die Grahams besuchte. So mußte ich mich wohl oder übel damit abfinden. Es wurde ausgemacht, daß ich an einem Freitagnachmittag hinreiten und am Sonntag zurückkehren sollte. Mr. Graham wollte mir auf halbem Wege entgegenkommen. Das hielt ich für sehr überflüssig, denn ich war daran gewöhnt, größere Strecken als nur die zwanzig Kilometer von Gunyan nach Baroona allein zu reiten.

Am meisten war ich wegen meiner Hunde bekümmert. Bei der kurzen Zeit, die mir mit ihnen noch blieb, war es mir fürchterlich, mich auch nur zwei Tage von ihnen trennen zu müssen. Denn diese Trennung bedeutete, daß sie bei Nacht in einem großen luftigen Schuppen eingesperrt wurden, damit sie mir nicht nachlaufen konnten. Tagsüber wollte meine Mutter sie ins Haus nehmen. Aber auch dieser Gedanke tröstete mich nicht. Zwar würde Benny es gut haben. Er war so eitel und von sich selbst überzeugt, daß er nur zu gern seinem Trennungsschmerz lauten Ausdruck geben würde, um sich von meiner Mutter trösten zu lassen. Auf diese Weise bekäme er allerlei kleine Extrahappen, die es nicht gab, wenn ich zu Hause war. Dann stellte ich mir Algys Bulldoggengesicht mit seiner platten Nase vor, die er gegen die Drahtumzäunung der Veranda preßte. So würde er Stunde um Stunde dasitzen und auf meine Rückkehr warten. Ajax aber, mein goldener Dingohund, würde in die äußerste Verzweiflung fallen, die ihn jedesmal ergriff, wenn ich fort war. Niemand und nichts würde ihn trösten können. Ich fand, er müßte allzuviel leiden, nur damit zwei fremde Mädchen eine Freude hätten.

Es blieb mir aber nichts anderes übrig, als mich zu fügen. So nahm ich traurig Abschied und schloß die Hunde im Schuppen ein, nachdem ich sie vorher mit riesigen Fleischknochen versorgt hatte. Auch hatten sie ihre eigenen Decken sowie meinen blauen wollenen Morgenrock, den sie besonders liebten und den sie morgens immer vom Bett zogen. Brownie und meine Mutter versprachen mir, sich in jeder Weise um die Hunde zu kümmern.

Da ich mittlerweile für Buck zu groß geworden war, ritt ich auf meiner prachtvollen kastanienbraunen Stute Bella. Sie war ebenso lebhaft wie Buck träge. Es machte bedeutend mehr Spaß, sie zu reiten. Beim Aufbruch war ich sehr unglücklich. Ich mußte an die Hunde denken. Bennys und Algys Bellen und Winseln und Ajax' tiefes Grollen drangen an mein Ohr, solange ich noch in Hörweite war. Es war sehr heiß, und die Erde längs des Weges war völlig ausgetrocknet. Mr. Graham kam mir, wie verabredet, auf halbem Wege entgegen. Als wir auf der Farm anlangten, wurde ich mit Kathleen und Enid bekannt gemacht und bekam ein großes Stück Schokoladentorte. Da wurde mir schon ein wenig besser.

Wäre ich nicht der Hunde wegen so bekümmert gewesen, dann hätte es ein schönes Wochenende sein können. Nachdem die erste Scheu überwunden war, kam ich mit den beiden Mädchen fabelhaft aus. Mrs. Graham sagte, sie dürften eine Woche später zu mir nach Gunyan kommen. Ich mußte lächelnd an Buck denken, der über diese zwei neuen Reiterinnen wenig entzückt sein würde. Mrs. Graham erkundigte sich teilnahmsvoll nach meinen Hunden. Sie bedauerte sehr, daß ich sie nicht hatte mitbringen dürfen. Sie meinte, Algy und Ajax seien so schrecklich groß und so gewaltige Kämpfer.

Als wir am Sonntagmorgen aufwachten, war die Luft brennend heiß, und schwarze Rauchwolken wälzten sich über den Horizont. Der trockene sengende Wind führte allerlei Holzteilchen und tote Insekten mit sich. In einem höhergelegenen Gebiet war ein Buschbrand ausgebrochen. Das war eine schlimme Sache. Mr. Graham rief seine wenigen Leute zusammen und brach mit ihnen auf, um den Brand zu bekämpfen. Er sagte, er würde gegen fünf Uhr zurück sein, um mich ein Stück nach Hause zu begleiten. Auf diese Weise käme ich gegen acht und also noch vor Dunkelheit heim. Mrs. Graham hätte mich lieber bis Montag dabehalten. Aber zwischen Baroona und Gunyan gab es keine telefonische Verbindung. Ich wußte, daß meine Eltern sich Sorgen machen würden; außerdem wollte ich die Hunde nicht länger allein lassen. Das sah Mrs. Graham ein. Es war auch kein Mann frei, den man als Boten hätte schicken können. Hätte mein Vater von dem Brand gewußt, hätte er sicherlich Hilfskräfte gesandt, die hier dringend gebraucht wurden.

Es war schon nach fünf, da kam ein müder Reiter langsam herangeritten. Es war der Sohn eines der Viehtreiber, ein Junge von sechzehn Jahren. Er war völlig erschöpft. Seine Augen waren von dem Rauch gerötet, sein Haar und seine Augenbrauen von den Flammen angesengt. Mrs. Graham gab ihm etwas zu trinken und ließ ihn verschnaufen. Er berichtete uns, daß Mr. Graham von der Brandstätte nicht weg könne und daß kein einziger Mann dort entbehrlich sei. Mr. Graham hatte George – so hieß der Junge – geschickt, um den Sprengwagen zu holen und darin Trinkwasser und Nahrungsmittel mitzubringen, denn die Männer würden noch die ganze Nacht dortbleiben müssen.

Das Feuer hatte sich so sehr ausgebreitet, daß gegen Abend der ganze Himmel glühte. Meine Eltern würden sich große Sorgen machen, wenn ich nicht nach Hause käme.

Mr. Graham brauchte mehr denn je alle Hilfskräfte, und Mrs. Graham, die schon ganz verstört war, mußte schließlich einsehen, daß es unmöglich war, jemanden zu meiner Begleitung mitzuschicken. Aber ich war es ja gewohnt, allein zu reiten, und kannte jeden Meter des Weges. Ich wußte sogar einen Abkürzungsweg, den ich jedoch beim Herritt nicht benutzt hatte, um Mr. Graham nicht zu verfehlen.

Gegen sechs Uhr ritt ich endlich fort. Mrs. Graham war in der Küche damit beschäftigt, Essen und Trinken für die Männer fertigzumachen. Ich ritt im Galopp, denn ich hatte Eile, nach Hause zu kommen, um meinen Eltern unnötige Sorgen zu ersparen. Einige Kilometer von Baroona entfernt, beschloß ich, den Buschpfad, dem ich bis dahin gefolgt war, zu verlassen und den Abkürzungsweg zu nehmen, den ich kannte. Aber wiederum ein paar Kilometer weiter kam ich plötzlich an einen neu errichteten Drahtzaun, der früher nicht dagewesen war. Das war sehr dumm. Wenn ich an dem Drahtzaun entlangritt, würde ich die paar Kilometer, die ich sparen wollte, wieder verlieren. Aber dagegen war nichts zu machen. Ich konnte nicht durch den Zaun und auch nicht hinüber. So ritt ich denn an ihm entlang. Dabei hoffte ich, daß es mir irgendwo gelingen würde, den obersten Draht des Zaunes loszumachen und dann mit Bella hinüberzuspringen. Auf diese Weise würde ich den Umweg wieder ausgleichen.

Bald kam ich an eine solche Stelle. Ich hatte große Mühe, den Draht loszumachen. Aber schließlich brachte ich es doch fertig und sprang mit Bella über den Zaun. Dann mußte ich den obersten Draht wieder festmachen, damit nicht auch das Vieh durchkäme. Das kostete mich wiederum viel Zeit. Als ich damit fertig war, begann es zu dunkeln, und zwar mit jener Schnelligkeit, die für Australien typisch ist. Man kommt sich vor wie ein Vogel in einem Käfig, über den eine dunkle Decke geworfen wird.

Ich trieb Bella heftig an. Wir galoppierten über die braune rissige Erde. Ich konnte den Weg nicht mehr deutlich erkennen, wußte aber, daß Bella mich ganz von selbst nach Hause tragen würde. Einmal hörte ich den Schrei eines Dingos in einem ausgetrockneten Flußbett zu meiner Linken. Auf der Höhe des Ufers glaubte ich, für einen Augenblick die funkelnden Augen des Tieres zu sehen. Ich trieb Bella noch heftiger an. An sich fürchtete ich mich nicht vor Dingos. So gefährlich sie für die Herde sind – ich hatte noch nie gehört, daß sie Menschen angreifen. Außerdem treten sie nie in Rudeln auf. Eine Dingofamilie bleibt nur so lange zusammen, bis die Jungen ausgewachsen sind; danach gehen die Dingos einzeln auf die Jagd.

Bella galoppierte immer noch. Aber plötzlich strauchelte sie, und ich flog über ihren Kopf hinweg. Ich fühlte einen scharfen Schmerz in meiner linken Schulter, dann war alles um mich dunkel. Nach langer, langer Zeit, so schien es, kam ich wieder zu mir.

Ich versuchte mich aufzurichten, doch der Schmerz in meiner Schulter war so heftig, daß ich wieder zurücksank. Auch mein linkes Fußgelenk schmerzte. In meinem Kopf brummte es. Ich sah alles nur wie durch einen Schleier. In dem hellen Sternenlicht konnte ich gerade noch undeutlich ein paar Baumstümpfe um mich her erkennen.

Wieder hörte ich das traurige Heulen irgendwo aus der Dunkelheit. Kalt überlief mich eine Furcht, die ich zunächst nicht begriff. Mir war klar, daß etwas geschehen mußte, doch ich wußte nicht recht, was. Von Bella war nichts zu sehen. In der Finsternis konnte ich nur ein paar Meter weit sehen. Außerdem schloß ich aus dem Schmerz in meiner Schulter, daß da etwas gebrochen sein mußte und daß ich ohnehin nicht wieder aufs Pferd steigen könnte. Ich hoffte nur, daß Bella nicht verletzt, sondern nach Hause gelaufen war. Dann nämlich würde man sich auf die Suche machen, und Ajax würde mich schnell finden. Bella mußte wohl in ein Kaninchenloch getreten und gestürzt sein. Dabei hatte sie mich wahrscheinlich aus dem Sattel geschleudert. Meine größte Sorge war, sie könne ein Bein gebrochen haben und irgendwo mit großen Schmerzen liegen.

Plötzlich leuchteten einige Meter von mir entfernt ein Paar grüne Augen auf. Dann daneben noch ein Paar und noch eins! Furcht überrieselte mich. Unter meiner Hand fühlte ich ein Stück Holz, das ich in die Richtung zu werfen versuchte. Die Bewegung verursachte mir große Schmerzen. Immerhin waren die drei Augenpaare verschwunden, tauchten aber bald einige Meter weiter weg zu meiner Rechten auf. Ich konnte vor Schmerzen kaum den Kopf drehen. Hinter mir sah ich einen Baumstamm. Ich biß die Zähne zusammen und schleppte mich darauf zu. An ein Hinaufklettern war natürlich nicht zu denken. Aber wenigstens hätte ich auf diese Weise eine Rückendeckung, denn meine Angst vor diesen leuchtenden grünen Augen wuchs von Minute zu Minute.

Ich konnte immer nur ein paar Zentimeter weit kriechen. Ich schwitzte vor Schmerzen und vor Erschöpfung. Dann muß ich wohl ohnmächtig geworden sein. Als ich wieder zu mir kam, spürte ich einen tierischen Geruch in meiner Nase. Ich öffnete die Augen und starrte entsetzt in ein unheimlich leuchtendes Augenpaar über einer langen dunklen Schnauze. Ich schrie. Da sprang das Tier ein wenig zurück. Jetzt sah ich, daß es kein Dingo war. Das Tier war größer und wendiger als ein Vollblutdingo. Es hatte auch nicht das charakteristische goldene Fell, das im Sternenlicht silbern schimmert, sondern zottiges, dunkelgraues Fell. Plötzlich ging mir auf, daß die drei Augenpaare den Wölfen gehörten, die aus dem Zirkus ausgebrochen waren.

Ich erstarrte vor Schreck. Während ich mühsam und unter Qualen weiterkroch, wagten sich die Tiere nicht heran. Aber das würde nicht lange so bleiben, und ich hatte nichts, um mich zu verteidigen. Ich zweifelte fast daran, den Baumstamm je zu erreichen. Er würde mir

179

auch nicht viel Schutz bieten. Die Wölfe waren zu dritt und schier wahnsinnig vor Hunger. Was sollte ein verletztes Kind gegen sie ausrichten?

Ich wollte schon weinen, aber das schien mir so sinnlos, daß ich meine Tränen zurückhielt. Wie immer, wenn ich in Not war, dachte ich zuerst an Ajax. Zwischen meinem Hund und mir schien es eine seltsame Verbindung zu geben. Ich glaubte fest, irgendwie würde Ajax schon spüren, daß ich ihn brauchte. Er würde sicherlich kommen. Ich hob meine Stimme und schrie so laut ich konnte: »Ajax! Ajax! Komm her, ich brauche dich!«

Meine Augen hatten sich an die Dunkelheit gewöhnt. Die Kopfschmerzen hatten etwas nachgelassen. Da konnte ich nun deutlich die drei schleichenden hungrigen Gestalten sehen, die mich wieder und wieder umkreisten und jedesmal ein wenig näher kamen. Wenn sie den Kopf wandten, leuchteten ihre Augen im Sternenschein auf. So kreisten sie unermüdlich, gleich Indianern, die ein Lager beschleichen.

Mir schwirrte der Kopf. Es war wie ein Alptraum, diese schweigenden Gestalten ständig zu beobachten. Ich bemerkte, daß einer der Wölfe nicht so geräuschlos lief wie die anderen beiden. Er hinkte und machte mit dem nachschleifenden Bein ein kratzendes Geräusch auf dem Boden.

Plötzlich blieben alle drei stehen, warfen die Köpfe hoch und ließen ihren schmerzvollen Hungerschrei hören, den ich schon anfangs vernommen hatte. Wieder überlief es mich kalt. Aber ich war nicht mehr so von Schrecken gelähmt und vergaß sogar für kurze Zeit die Gefahr, in der ich schwebte, während ich die armen verhungerten Wölfe beobachtete. Ihr Geheul erstarb, und wieder begannen sie, ihre Kreise zu ziehen. Dann brach einer aus und stürzte auf mich zu. Ich war zu keiner bewußten Bewegung fähig. Instinktmäßig trat ich mit dem rechten Fuß nach ihm. Der Wolf sprang ein wenig zurück. Ich fürchtete schon, wieder vor Schmerz ohnmächtig zu werden, sträubte mich aber verzweifelt dagegen und starrte auf die drei Wölfe. Als die Schwäche vorüberging, sah ich, daß die Wölfe mich nicht mehr umkreisten, sondern mir den Rücken zukehrten. Anscheinend lauschten sie auf etwas, das ich nicht hören konnte.

Endlich hörte auch ich etwas – einen Laut, der wie das Leben selbst zu mir drang, ein eiliges Trappeln auf dem trockenen Boden. Und schon sprang Ajax aus der Dunkelheit an meine Seite und legte mir einen Augenblick seine goldene Schnauze ans Gesicht. Dann machte er kehrt und wandte sich gegen meine Feinde.

Auch die Wölfe hatten sich herumgedreht und standen uns jetzt gegenüber, ihr Führer ein wenig voraus, die beiden anderen rechts und links von ihm. Um mich selbst war ich nicht mehr besorgt, aber eine verzweifelte Angst um Ajax ergriff mich. Diese hageren, ausgehungerten Tiere mit ihren langen Köpfen waren wohl die fürchterlichsten Gegner, die mein Ajax je gehabt hatte. Freilich war er größer und schwerer als der größte der

Wölfe. Sie aber waren zu dritt und vor Hunger ganz von Sinnen. Ich war zur Tatenlosigkeit verurteilt.

Ajax holte tief Luft. So pflegte er sich immer auf einen Kampf vorzubereiten. Als einzigen Laut gab er ein schwaches Grollen von sich. Die Wölfe waren ganz still. Ihre Augen leuchteten im Sternenlicht. Ihr Führer tat einen steifbeinigen Schritt vorwärts. Die anderen beiden folgten ihm. Auch Ajax tat einen Schritt vorwärts. Nach kurzem Zögern gingen er und die Wölfe wieder ein Stück aufeinander zu. Ich wußte, daß Ajax wie ein Felsen war und Kraft genug hatte, auch den heftigsten Ansturm auszuhalten. Die ganze Kraft seiner wilden Vorfahren war in ihm lebendig. Jetzt schoß der Führer der Wölfe mit unglaublicher Leichtigkeit vor. Er hielt den Kopf tief am Boden und schien es auf Ajax' Vorderbeine abgesehen zu haben, während die anderen beiden zu einem höheren Sprung ansetzten, um ihn mit ihrem Gewicht zu erdrücken. Aber Ajax war auf alles gefaßt. Er wich seitwärts aus und versetzte dem ersten Wolf einen gewaltigen Biß in die Schulter. Blut spritzte dunkel auf.

Ich konnte den Kampf in dem Dämmerlicht nicht weiter verfolgen, sondern hörte nur das Keuchen der kämpfenden Tiere, das Zuschnappen oder Aufeinanderschlagen der Zähne, wenn ein wütender Biß den Gegner verfehlt hatte. Dann sah ich eine der grauen Gestalten emporwirbeln und zu Boden fallen. Ajax und der erste Wolf kämpften weiter. Der lahme Wolf schnappte von hinten nach Ajax und zog sich dann hinter seinen Gefährten zurück. Ajax hielt es wohl für richtig, erst einmal diesen lästigen Angreifer aus dem Hinterhalt zu erledigen. Er sprang über den ersten Wolf hinweg auf ihn zu und versetzte ihm einen Biß, der ihn zu Boden brachte. Dann wirbelte er wieder herum, um den nächsten Angriff seines Hauptgegners anzunehmen.

Manchmal schloß ich die Augen, wie ich glaubte, für eine Ewigkeit. Aber immer hörte ich die unheimlichen Geräusche dieses Kampfes, das Keuchen und das Stoßen Leib an Leib und das Zähneschlagen und das schwere Atmen. Würde das nie zu Ende gehen? Ich begann zu verzweifeln.

Wieder hatte ich die Augen geschlossen. Da wurde es plötzlich still; ich fühlte einen heißen Atem an meinem Gesicht. In panischem Schrecken brachte ich es zunächst nicht fertig, die Augen aufzuschlagen. Dann aber sah ich eine große blutbefleckte Gestalt neben mir, über und über mit Bißwunden bedeckt und an einem Bein böse verletzt. Es war Ajax! Ich drückte mein Gesicht an seine gerötete Schnauze und weinte bitterlich, mehr um seinetwillen als um mich. Ich spürte: Er wollte mir sagen, daß alles gut abgelaufen war.

Rings um mich sah ich die großen Gestalten der drei gefallenen Wölfe. Als ich zu schluchzen aufhörte, hinkte Ajax zu dem ersten Wolf hin, beschnüffelte ihn und hob dann den Kopf zu einem langgezogenen Siegerschrei. Es klang ähnlich wie das Hungergeheul der Wölfe von vorhin. Ich konnte nicht mehr und sank zu

Boden. Ajax legte sich an meine Seite. So fanden uns mein Vater und Jack.

Sie erzählten mir, daß Ajax bei Anbruch der Nacht sehr unruhig geworden war. Als dann Bella mit lose hängenden Zügeln allein zu Hause ankam, hatten sie Ajax aus dem Schuppen herausgelassen. Wie der Blitz war er weg. Sie mußten erst die Pferde satteln und Taschenlampen holen. Es war nicht leicht für sie, Bellas Spur auf dem trockenen steinharten Boden zu verfolgen. Auch die Taschenlampen halfen dabei wenig.

Dann hörten sie Ajax' Siegerschrei und fanden uns ein paar Minuten später. Zuerst strauchelten sie über einen der Wölfe, dann sahen sie die anderen beiden und schließlich Ajax an meiner Seite.

Nachdem die erste Aufregung vorbei war, kehrten meine Schmerzen wieder. Die Männer hoben mich auf und stützten, so gut es ging, meinen Arm. Mit meinem verstauchten Fuß konnten sie zunächst nichts machen. Auch hatte ich anscheinend eine leichte Gehirnerschütterung davongetragen, denn ich konnte fast nichts mehr sehen. Jack nahm sein Taschentuch und verband Ajax' Bein. Die anderen Wunden mußten noch warten. Dann trugen sie mich behutsam nach Hause. Ajax folgte humpelnd auf drei Beinen. Die Pferde wurden am Zügel geführt, bis wir an eine Stelle kamen, von der ich mit dem Auto weitertransportiert werden konnte.

Dort warteten Ajax und ich mit meinem Vater. Unterdessen ritt Jack schnell nach Hause, bereitete meine Mutter auf den Schrecken vor und kam mit dem Wagen zurück. Meine Mutter rief den Arzt an. Zu Hause wurde ich gewaschen und zu Bett gebracht. Ajax, dessen Wunden gesäubert waren, lag mit geschientem Bein neben mir auf der Veranda.

Meine Mutter bestand darauf, daß ich mich ganz still verhielt. Aus dem Nebenzimmer hörte ich, wie mein Vater mit Jack sprach.

Jack sagte: »Das war also das Ende der drei Wölfe aus dem Zirkus. Seltsam, daß sie sich ausgerechnet in diese ausgedörrte Gegend verirrt haben.«

»Ich vermute«, sagte mein Vater, »die Leute im Norden haben sie so gejagt, daß sie dort noch weniger Nahrung finden konnten.«

»Ja, so wird es sein. Morgen ziehe ich die Felle ab. Dann kann Ajax auf dem Fell seines Feindes liegen.«

»Ajax kann ich mit nichts in der Welt belohnen«, sagte mein Vater.

Ich wußte, daß Jack lächelte, als er jetzt sagte: »Ajax besitzt ja schon alles, was er braucht. Er ist jederzeit bereit, dafür sein Leben hinzugeben.«

Nach einer Weile kam auch der Arzt. Das war für mich eine schlimme Stunde. Das Richten meines gebrochenen Schlüsselbeins und jede Berührung an meinem Fuß verursachten mir furchtbare Schmerzen. Davon wurde ich nur immer wacher statt schläfrig. Ich durfte aber nicht schreien, weil Ajax dann nicht zugelassen hätte, daß der Doktor mich anrührte. Auch so knurrte er schon. Ich mußte ihn beruhigen, und das lenkte mich von meinen Schmerzen ab.

Als der Arzt mit dem Verbinden fertig war, blieb meine Mutter bei mir. Der Arzt ging inzwischen hinüber, um mit meinem Vater zu reden. Ihre Stimmen waren deutlich auf der Veranda zu hören, und da vernahm ich etwas, das mich alles Leid vergessen ließ.

Ich hörte, wie der Doktor in bestimmtem Ton zu meinem Vater sagte: »Ihre Tochter ist kräftig genug. Körperlich wird sie wieder gesund sein, sobald das Schlüsselbein geheilt ist. Aber sie hat einen entsetzlichen Schock davongetragen und wird lange brauchen, um darüber hinwegzukommen. Sie müssen jeden Gedanken, sie auf die Schule zu schicken, aufgeben, möglicherweise für Jahre. Lassen Sie sie hier zu Hause, wo sie glücklich ist. Es bekümmert sie schon lange, daß sie auf die Schule soll. Das muß aufhören. Sie darf sich keinesfalls beunruhigen oder ängstigen, bis sie ganz über diesen Schrecken hinweggekommen ist.«

Ich sah meine Mutter an. Sie lächelte mir zu. Etwas Schöneres hätte ich mir nicht wünschen können, auch nicht für Ajax.

Ich schob meine Hand über den Rand des Bettes und legte sie auf den seidigen Kopf meines Hundes, der sich im Kampf für mich so übel hatte zurichten lassen. Auf der anderen Seite des Bettes schnarchte Algy, und in meinem gesunden Arm lag der kleine Ben, der gewaltige Jäger, und kläffte im Traum. Mit diesen vertrauten Lauten im Ohr und nach einem umfassenden Blick auf das friedliche Bild, das sich mir bot, fiel ich glücklich und sorglos in Schlaf.

Ghazi Abdel-Qadir

Spatzenmilch und Teufelsdreck

Fatima und Michael sind Stiefgeschwister. Als Opa Tanturi aus Jordanien zu Besuch kommt, wird es turbulent in der multikulturellen Familie.
Illustriert

Das Blechkamel

Samira hat noch nie ein Kamel gesehen. Nur ihre Großmutter weiß noch, wie es früher in ihrem Dorf war – bevor die Blechkamele kamen…
Illustriert

Erika Klopp Verlag
Hohenzollernstraße 86 · D-80796 München

Erika Klopp Verlag

Für Pferdefreunde

Mary Patchett
Tam
mein Silberhengst

Auf einer einsamen Farm in
Australien wächst Mary mit
ihren Tieren auf. Besonders
liebt sie Tam, den sie selbst
aufgezogen hat.

Evelyn B. Hardey
Mücke, Matse und
das Pony Motte

Mücke verbringt die
schönsten Stunden auf
dem Stadtbauernhof bei den
Pflegepferden.
Illustriert

Erika Klopp Verlag
Hohenzollernstraße 86 · D-80796 München

Erika Klopp Verlag